CARTAS QUE ERIZAN LA PIEL

EDGAR DIXON RODRIGUEZ

DEDICATORIA

A Bárbara, mi esposa, cuyo amor inquebrantable me sostuvo en los momentos más oscuros y cuyas cartas fueron mi ancla en el mar de la incertidumbre. Esta historia es tan tuya como mía. Gracias por ser mi compañera, mi inspiración y mi razón para regresar a casa.

A mis hijos, Leonel Enrique, Alejandra Paola y Sofía María, quienes, incluso antes de nacer, ya eran parte de esta historia. Y a mis nietos, Thiago y Mila, quienes representan la continuación de este legado de amor y esperanza. Son nuestra felicidad y nuestro propósito de futuro.

Dedico esta obra, además, a los miles de puertorriqueños que han servido en las fuerzas armadas de los Estados Unidos y, en especial, a la memoria de los más de 2,500 soldados que han ofrecido su vida con honor y sacrificio.

A todos ustedes, porque esta historia es un tributo a las expresiones de fe amor, y gratitud.

TRADICIÓN DE
HONOR Y DE SERVICIO

Desde el comienzo de la historia militar de los Estados Unidos, los soldados puertorriqueños han demostrado un compromiso ejemplar con los ideales de libertad, justicia y democracia. Esta tradición de servicio y honor comenzó formalmente en 1917, cuando el Regimiento 65 de Infantería, conocido como "Los Borinqueneers", se incorporó a las filas del Ejército de los Estados Unidos durante la Primera Guerra Mundial.

A lo largo de los años, hombres y mujeres de Puerto Rico han servido con valentía en los conflictos más trascendentales, desde la Segunda Guerra Mundial hasta la Guerra de Corea, Vietnam, el Golfo Pérsico, Irak y Afganistán. Cada generación ha enfrentado los desafíos del combate y las barreras culturales, adaptándose a nuevos idiomas y costumbres con un espíritu de sacrificio y determinación que ha dejado una marca imborrable en la historia militar.

En particular el Regimiento 65 de Infantería se destacó durante la Guerra de Corea, ganándose el respeto de aliados y enemigos. Su legado fue reconocido oficialmente con la Medalla de Oro del Congreso en 2014, un homenaje a su valentía excepcional y a su inquebrantable espíritu de lucha.

"Apartados del resto de los soldados por la segregación, su coraje les hizo legendarios". Presidente Barack Obama, 2014.

En la actualidad, miles de puertorriqueños continúan sirviendo en las fuerzas armadas, llevando consigo una tradición de valor, sacrificio y desempeño. Este libro, aunque profundamente personal, honra también ese espíritu colectivo: un homenaje a todos aquellos que, como yo, dejaron atrás sus sueños y familias, llevando siempre en el corazón la esperanza de cumplir con el deber y regresar al hogar.

Que este relato inspire a valorar y honrar el coraje del sacrificio, a reconocer la profundidad del amor y a celebrar la fuerza de la solidaridad en los momentos más desafiantes.

CONTENIDO

COLECCIÓN DE **CARTAS**

AGRADECIMIENTOS

En primer lugar, doy gracias a Dios, por ser mi refugio en los momentos más difíciles y por guiarme con Su amor incondicional a lo largo de esta travesía. Este libro lo he logrado gracias a Su protección e iluminación.

A mis padres, quienes me inculcaron la fe y los valores que me han sostenido siempre. Sin sus oraciones y su guía, no habría tenido la fortaleza para enfrentar los desafíos de la guerra y de la vida.

A mi hermana Evelyn, que siempre me anima a creer en mis proyectos y conspira conmigo para hacerlos realidad y servir a los demás.

A mis compañeros de batallón y a todos los que sirvieron junto a mí durante la Guerra del Golfo Pérsico. Esta historia es también un homenaje a ustedes, a su valentía, sacrificio y humanidad en los tiempos más difíciles.

Un agradecimiento especial a todas las personas que, con sus cartas y oraciones a Dios, me dieron la fuerza para seguir adelante. Este libro es una expresión de mi gratitud hacia cada uno de ustedes, porque sus palabras y gestos de amor genuino fueron como agua y alimento espiritual que me ayudaron a sobrellevar la carga y los efectos traumáticos de la guerra.

Y a todos aquellos que, en medio de sus propias batallas, encuentran en el amor, la fe y la solidaridad, la fortaleza para resistir y ayudar a otros a seguir adelante.

PRÓLOGO:
LAS RELIQUIAS DE LA HISTORIA DE AMOR DE MIS PADRES

Mi padre rara vez hablaba de la guerra. Siempre me resultó difícil imaginarlo como veterano, porque evitaba mencionar su experiencia militar. Prefería compartir recuerdos de su padre, el abuelo "Geño", y anécdotas de su juventud en Hormigueros, su pueblo natal. Las pocas veces que habló sobre la guerra fueron al encontrar, por casualidad, algunas reliquias olvidadas.

La primera reliquia fue **un álbum de fotos** que mi madre me mostró mientras buscábamos imágenes para un proyecto escolar. Hasta ese momento, la única imagen que guardaba de él como soldado era verlo con su gorra militar, trabajando en el patio de la casa. Pero al abrir ese álbum, lo vi junto a tanques de guerra, con sus compañeros en uniforme y en pleno desierto. Fue entonces cuando entendí que había vivido una guerra. Esa palabra cargaba mucho peso para mí como hijo, pero las fotos mostraban algo distinto: camaradería y actividades cotidianas en un campamento militar.

La segunda reliquia fue **un viejo diario**. Sus páginas relataban la incertidumbre antes de partir, el miedo ante posibles ataques con armas químicas y la ansiedad de misiones prolongadas en el desierto. También narraban detalles cotidianos, como la adaptación a la vida en el desierto, las formas en que intentaban mantener la mente tranquila haciendo volar su creatividad, y hasta una anécdota curiosa sobre un animal extraño que visitaba el campamento.

La última reliquia fue la más especial: una caja metálica verde, desgastada por el tiempo, que encontramos en un rincón olvidado del armario. Aunque parecía una caja de municiones, contenía algo mucho más valioso: **decenas de cartas**. Había cartas de desconocidos deseando salud a un soldado, cartas de familiares llenas de esperanza y sacrificio, y, sobre todo, cartas de mi madre. A través de ellas, descubrí su lado más romántico, atrevido y vulnerable, así como las emociones que vivió siendo esposa de un soldado.

Este libro nace de esas cartas, de cómo mis padres enfrentaron los desafíos al inicio de su relación y de cómo el amor, la fe y la esperanza los mantuvieron fuertes. Para mí, fue una alegría descubrir ese lado tan íntimo de su matrimonio. Este libro no es solo el testimonio de mi padre en la guerra, sino también un reflejo del amor inquebrantable entre él y mi madre. Es una invitación a valorar el poder de las palabras y las conexiones humanas, incluso en los momentos más difíciles.

Gracias, papá, por abrir tu corazón y dejarnos ser parte de esta historia. Espero que estas páginas inspiren a otros como lo han hecho conmigo.

Leonel Enrique Rodríguez Betancourt

Hijo mayor del autor

CAPÍTULO 01

ANTES DE COMENZAR A LEER LAS CARTAS: **EL CONTEXTO Y LOS MOTIVOS DE LA HISTORIA**

" Antes de sumergirte en las cartas, te invito a conocer el contexto que da vida a este libro. Aquí descubrirás la historia detrás de la historia, los motivos profundos y las preguntas desafiantes que me inspiraron a escribir este libro. Además, te presento como está estructurado el libro y algunas guías que necesitas conocer para seguir una historia verídica con eventos y personajes reales. "

Soldado Autor

A. TU PRIMERA CARTA:
LA CARTA DEL AUTOR PARA TI

Estimado lector:

Cartas que erizan la piel nace del corazón, como una carta abierta a ti. En sus páginas encontrarás una historia real, tejida con cartas, notas de diario, imágenes, audios y reflexiones que relatan algunos de los momentos más desafiantes de mi vida como soldado en la Guerra del Golfo Pérsico. No es una historia de hazañas militares, sino una celebración de cómo la fe, el amor y la esperanza pueden prevalecer incluso en los tiempos más oscuros.

Al leer descubrirás cómo estas cartas me ayudaron a enfrentar el miedo, la incertidumbre y la ansiedad pues representaban un faro en la tempestad, recordándome la calidez de la humanidad incluso en el desierto. Su contenido tiene un poder singular: sanan, conectan y transforman por lo que este libro busca compartir ese poder contigo.

Aunque la guerra quedó atrás, las emociones que despertaron esas cartas prevalecen. Al escribir estas páginas, he revivido lágrimas, risas y asombro, pero ahora desde una perspectiva de agradecimiento. Gratitud por haber sobrevivido y por la oportunidad de compartir contigo esta historia que espero te inspire y aliente.

Este viaje también me llevó a investigar cómo nuestra mente procesa las experiencias difíciles y cómo la expresión por medio de la escritura se convierte en un refugio y una terapia. Encontrarás reflexiones sobre cómo escribir y recibir cartas puede aliviar heridas emocionales y abrir nuevos caminos hacia la esperanza.

Los verdaderos protagonistas de esta historia no son soldados con armas, sino personas armadas con amor y compasión. A través de gestos sencillos, como enviar una carta, marcaron la diferencia en medio del caos. Estas cartas fueron mi ancla, especialmente las de mi esposa, que se convirtieron en un testimonio vivo de nuestro amor.

Cartas que erizan la piel es un tributo a la gratitud por los actos de bondad que iluminaron los días más inciertos de mi vida y por la fe que me sostuvo en los momentos de mayor desolación. Durante meses en el desierto cerca de la frontera con Irak, mi misión era lidiar con la pérdida y la fragilidad de la vida. En ese entorno hostil, encontré fuerza en dos pilares: la fe y el contenido de las cartas.

La fe me ayudó a superar el miedo y a mantener la esperanza. Las cartas, por su parte, fueron un puente hacia la humanidad. Cada palabra escrita me conectaba con las personas que oraban por mí y me recordaba que no estaba solo.

Te invito a recorrer conmigo este camino de emociones y reflexiones. Espero que estas páginas te inspiren y animen a encontrar en las palabras un refugio y una fuente de fortaleza. Además, quiero ofrecerte una experiencia única e innovadora. A través de códigos QR, podrás acceder a videos, audios y música inspirada en las cartas, un complemento diseñado para capturar la esencia de este viaje.

Con gratitud y entusiasmo, espero que disfrutes cada palabra y que todo lo que hemos preparado para ti resuene contigo.

Edgar Dixon Rodríguez Acevedo

Nota: La música también esta disponible en **Spotify** bajo **Paper and Soul**

MÚSICA ORIGINAL – **SOUNDTRACK**

Verso 1:   Cada letra en tu papel
Es un susurro en el viento,
Que atraviesa el desierto cruel,
Y llega a mi alma, lento.
Tus palabras son mi abrigo,
En la tormenta de la guerra,
En cada línea encuentro abrigo,
Eres mi paz, mi primavera.

Coro: Tus cartas, mi amor, son vida,
Son faro en la oscuridad,
En cada frase hay una herida
Que sanas con tu verdad.
Aunque lejos estés, te siento,
En cada palabra tu amor,
Tus cartas, mi amor, son viento
Que me trae tu calor.

Verso 2:   Mientras el miedo aquí me
abraza, Tú me sostienes en tu fe,
Escribo pensando en tu casa,
Donde mi corazón aún se ve.

Tu amor me ha dado alas,
Para volar sobre el dolor,
Eres la llama en mis balas,
Mi esperanza, mi resplandor.

Coro: Tus cartas, mi amor, son vida,
Son faro en la oscuridad,
En cada frase hay una herida
Que sanas con tu verdad.
Aunque lejos estés, te siento,
En cada palabra tu amor,
Tus cartas, mi amor, son viento
Que me trae tu calor.

Verso 2:   Mientras el miedo aquí me
abraza, Tú me sostienes en tu fe,
Escribo pensando en tu casa,
Donde mi corazón aún se ve.

Coro: Tu amor me ha dado alas,
Para volar sobre el dolor,
Eres la llama en mis balas,
Mi esperanza, mi resplandor.

Verso 1:   Cada letra, cada trazo,
Es un suspiro al viento,
Un reflejo del abrazo
Que llevé en cada momento.
Escribimos sin barreras,
Como si fuera el final,
Porque el amor que nos queda
Es eterno y sin igual.

Coro: Si esta fuera la última carta,
Te diría todo sin temor,
Dejaría que el alma hablara,
Sin reservas, con valor.
Que en la distancia sientas mi
vida, En cada palabra de amor,
Y aunque no llegue el día de
regreso,Te envío mi calor.

Verso 2:   En la tormenta más oscura,
Tus palabras son mi sol,
Un faro en la noche dura,
Un refugio para el dolor.
Y si mi voz ya no escuchas,
Que esta carta sea canción,
Testimonio de que luchas
Con el alma y el corazón.

Coro: Si esta fuera la última carta,
Te diría todo sin temor,
Dejaría que el alma hablara,
Sin reservas, con valor.
Que en la distancia sientas mi
vida, En cada palabra de amor,
Y aunque no llegue el día de
regreso, Te envío mi calor.

Puente: Abrimos el alma al pensar
Que esta puede ser la despedida,
Y al fin logramos expresar
Lo más bello de nuestra vida.

Coro: Si esta fuera la última carta,
Te diría todo sin temor,
Dejaría que el alma hablara,
Sin reservas, con valor.
Que en la distancia sientas mi
vida, En cada palabra de amor, Y
aunque no llegue el día de regreso,
Te envío mi calor.

B. EL DESCUBRIMIENTO **DEL TESORO**

Antes de escribir este libro, me pregunté: ¿Por qué contar ahora mi experiencia con las cartas? La respuesta es simple y poderosa: el tiempo de Dios es perfecto. Él inspiró cada paso de este proyecto. La idea de escribir surgió de un evento que considero una señal divina. Ese momento fue tan importante que decidí reunir a mi familia para revivir el descubrimiento que lo inició todo.

El sábado 15 de julio de 2017, mi hijo mayor, Leonel, halló un verdadero tesoro familiar que había intentado olvidar: una caja que contenía recuerdos de mi experiencia en la guerra. Esa mañana de verano, Leonel estaba revisando álbumes de fotos y objetos guardados cuando encontró algo inesperado.

—¡Papá, mira lo que encontré! —dijo, levantando una vieja caja de metal verde en excelente estado.

La reconocí al instante. Me acerqué lentamente, tratando de asimilar que esa parte de mi pasado había vuelto a mi presente.

—¿Dónde la encontraste? —pregunté.

—Estaba al fondo del clóset, debajo de unas cajas —respondió, mientras pasaba la mano por la tapa.

En ese momento, mi esposa y mi hija menor también se acercaron. Nos sentamos juntos en el suelo y procedí a abrir la caja con cuidado. Dentro estaban las cartas que me sostuvieron durante la guerra, junto con un diario y fotos que documentaban aquellos días. Sentí cómo el pasado cobraba vida nuevamente, trayendo consigo recuerdos y emociones profundas.

De repente, todos nos vimos envueltos en una experiencia llena de curiosidad y emoción, como si la caja de metal fuera el envoltorio de un regalo que capturaba toda nuestra atención. Leonel, intrigado, preguntó: —Papá, ¿qué es todo esto? ¡Cuéntanos más!

Le expliqué que ese tipo de caja se usaba en el ejército para guardar balas de rifles, pero que yo la había utilizado para conservar los recuerdos más preciados de mi experiencia en la Guerra del Golfo Pérsico en 1991.

—¿Puedo leer una de las cartas? —preguntó Leonel.

—Claro, hijo —respondí.

Leonel sacó una de las cartas al azar y resultó ser una de las 58 que su madre me había escrito. La abrió y comenzó a leerla en voz alta. Después de leer algunas oraciones, Sofía, que en ese momento tenía 13 años, comentó: —¡Qué chulo!, ¡qué interesante! Me gusta.

1.01 Colección de cartas, el diario, las fotos y la caja de balas del soldado

Leonel continuaba leyendo, revelando parte de la historia de amor entre sus padres cuando, recién casados, fueron separados por la guerra. Mi esposa, al escuchar las risas de nuestros hijos y ver su interés por nuestra historia,

dijo: —Yo también guardé las cartas que me escribiste. Están en una caja de plástico en el mismo clóset.

—¡Mami, búscala! Queremos saber lo que papá te decía —exclamó Leonel.

—Esto es como una novela —dijo Sofía.

Mi esposa se levantó y regresó rápidamente con la caja. Esa caja era de plástico transparente y contenía las cartas que le había enviado. Además, contenía un casete con una etiqueta que decía: "Mensaje para mi esposa". Leonel escogió otra carta y comenzó a leer, repitiéndose la misma emoción al descubrir el amor que sus padres se expresaron en un momento tan difícil.

Fue un momento familiar emotivo y memorable, una verdadera bendición de Dios, porque a partir de ese día, esas cartas se convirtieron en un testimonio eterno de cómo comenzó nuestra familia.

Me sentí muy feliz de saber que mi esposa aún conservaba las cartas que le envié y de compartir nuestra historia con nuestros hijos. Al mismo tiempo, un poco perplejo, me pregunté: ¿Cómo pude olvidar algo tan importante? El deseo de encontrar una respuesta a esta pregunta fue otra razón para escribir este libro. La respuesta la descubrirán en el capítulo 5.

La experiencia del descubrimiento histórico familiar se extendió durante toda la tarde. Nos llenó de curiosidad escuchar el contenido del casete de la década de los noventa, pero no teníamos un reproductor de casete en casa, porque ya estábamos en la era de los discos compactos. Entonces recordé que nuestra vieja miniván del 2005 tenía uno. Ese vehículo también formó parte de muchos momentos familiares inolvidables. Fue el primer vehículo nuevo que compramos, porque la familia crecía y necesitábamos más espacio.

Como un libreto divino, ese sábado tenía que hacer un viaje para recoger unos muebles y le pedí a Sofía que me acompañara. Aprovechamos el viaje para escuchar el casete y, afortunadamente, funcionó perfectamente. Mientras conducía, mi voz de tantos años atrás comenzó a llenar el ambiente, y mi hija se mostraba interesada y contenta al escuchar el mensaje de amor de un soldado enamorado a su esposa en la distancia. El viaje se sintió corto, y creo que estaba tan sorprendido o más que mi hija, porque ese mensaje lo grabé durante una guardia, bajo una tormenta de arena. Luego, al día siguiente, lo envié sin haberlo escuchado. Ese mensaje contiene un verdadero bombardeo de "cucas monas", expresiones de amor dedicadas a mi esposa, y refleja un estado de enamoramiento puro y creativo.

Ese día no solo descubrimos una parte olvidada de mi historia, sino que compartimos una época importante de nuestra vida matrimonial con nuestros hijos. Ahora, esas cartas, el diario y la grabación son la base de este libro, y nos alegra compartirlo con nuestros lectores.

Este libro nace de ese descubrimiento. Es una forma de agradecer a Dios y de honrar a quienes me enviaron palabras de apoyo cuando más las necesitaba. Asimismo, es una invitación a retomar el hábito de escribir cartas, a recordar su poder para sanar y conectar. En una época de comunicación digital, las cartas escritas a mano son un puente entre almas que perdura en el tiempo.

Y aunque esta es mi historia, también es la historia de todos nosotros. Cada día enfrentamos nuestras propias batallas. No necesitamos un campo de guerra declarado para sentir el peso del combate. Luchamos contra la indiferencia, el egoísmo y el materialismo. En estos combates diarios, lo que nos sostiene es la fe en Dios y la conexión humana auténtica. Espero que este libro inspire a otros a escribir y difundir amor, ya sea con un ser querido o con un extraño que lo necesite.

C. El TITULO Y EL **CONTENIDO**

El título de este libro, "Cartas que erizan la piel", no es solo una expresión poética, sino un fundamento fisiológico y emocional. Cuando hablamos de algo que "eriza la piel", nos referimos a una respuesta conocida como piloerección o "piel de gallina". Este fenómeno ocurre cuando los músculos en la base de los vellos se contraen, haciendo que la piel se erice.

Esta reacción se activa ante estímulos emocionales intensos, como admiración, inspiración o placer. En este libro, esa sensación está vinculada a la emoción y conexión profunda que experimenté al recibir y enviar cartas durante la guerra, un periodo que se sentía interminable en medio de un paisaje desolador.

Las cartas que escribí y recibí estaban impregnadas de sentimientos genuinos y conmovedores. Cada una de las cartas reflejaba nuestras emociones más profundas, y al leerlas o escribirlas, sentía una ola de sensaciones que resonaban en lo más íntimo de mi ser. Este fenómeno subraya la intensidad de esos sentimientos y el poder de la comunicación escrita para conectar a las personas.

A través de estas cartas, encontré consuelo, inspiración y una conexión que trascendió el tiempo y la distancia. Deseo que los lectores también experimenten esa misma emoción. "Cartas que erizan la piel" es un recordatorio del impacto positivo y duradero que las palabras pueden tener en nuestras vidas.

La historia se divide en tres etapas. Capítulo 2, Antes de la guerra; Capítulo 3, Durante la guerra; y Capítulo 4, Después de la guerra. Cada una de estas etapas está marcada por las emociones predominantes que vivimos.

El contenido de las notas del diario y de las cartas se complementa con reflexiones, metáforas, fotos y canciones. Los capítulos 5 y 6 presentan la base científica y práctica de los beneficios de escribir a mano. El capítulo 7 explora el aspecto artístico de las cartas, destacando la originalidad y creatividad de sus autores. Finalmente, el capítulo 8 es una llamada a la acción para aplicar lo aprendido y transformar vidas a través de expresiones de afecto y apoyo por medio de cartas.

D. REFLEXIONES SOBRE LAS
CARTAS RECIBIDAS

En las cartas que recibí, noté cómo las personas abrían su corazón de manera genuina y afectiva, como si cada palabra fuera una despedida cargada de sus emociones más profundas. Eran conscientes de la posibilidad de que nunca volvieran a saber de mí, o de que esa carta pudiera ser la última que recibiera en vida. Esa incertidumbre los llevaba a escribir con una sinceridad y un amor desbordante, sin filtros ni reservas. Cada carta era un testimonio vivo de compasión y empatía, ofreciendo apoyo en tiempos de prueba.

Para mí, todas las cartas son obras valiosas, porque conectan a través de los sentimientos más puros. Al releerlas para este libro, las vi desde una perspectiva distinta: la tranquilidad de mi hogar, rodeado de mi familia y disfrutando de la libertad. Desde esta nueva mirada, descubrí en ellas un arte que trasciende la comunicación. Las cartas de mi esposa, por ejemplo, no solo expresaban amor, sino que lo envolvían en una belleza poética que me transportaba a su lado, incluso en los momentos más tormentosos y solitarios. Su habilidad para convertir emociones en palabras me recuerda a las escritoras del romance, cuya prosa cautiva y conmueve el alma. Su don de tejer emociones en palabras es único. Escribía como si cada carta fuera la última, dejando que su alma hablara sin reservas.

E. PLAN DE **TRABAJO**

Para estructurar esta obra, comencé realizando un inventario de todas las cartas, organizándolas cronológicamente. Esto permitió analizar la distribución de la correspondencia a lo largo del tiempo y crear gráficas que ilustran cuántas cartas se escribieron cada mes y cuántas personas participaron en esta red de apoyo. Además, utilicé técnicas y herramientas básicas de gerencia de proyecto para planificar y coordinar de manera eficiente cada fase del proceso, desde la recopilación y selección del material hasta su organización y presentación final. La aplicación de estas herramientas facilitó la identificación de las tareas clave, la gestión del tiempo y la optimización de recursos, asegurando que cada aspecto de la historia se reflejara de la mejor manera posible. A continuación, se muestran dos gráficas con data clave. La primera es una gráfica circular con la distribución de las cartas y la segunda muestra que el mes de enero fue un mes sin correspondencia, mientras que febrero fue el más activo.

Una de las tareas más complejas fue transcribir todas las cartas y las notas del diario para luego seleccionar cuáles formarían parte del libro. Gracias a la conexión por Internet, logramos formar un equipo internacional encargado de la transcripción de los documentos, la edición, la organización y el diseño visual del contenido del libro.

F. APUNTES PARA
SEGUIR LA HISTORIA

Este libro fue concebido con un enfoque en la transparencia y el respeto por la privacidad. Para proteger la identidad de mis compañeros de unidad, utilizo el alfabeto fonético militar en lugar de sus nombres reales. Los rangos mencionados se limitan a soldado, sargento, oficial y coronel, siendo estos los más relevantes para la narrativa. Por ejemplo, me refiero a soldado Alfa, sargento Papa, oficial Eco y coronel Victorious.

La siguiente tabla muestra el alfabeto fonético militar completo.

A = ALFA	H = HOTEL	O = OSCAR	V = VICTORIOUS
B = BRAVO	I = INDIANA	P = PAPA	W = WHISKY
C = CHARLIE	J = JULIETT	Q = QUEBEC	X = X-RAY
D = DELTA	K = KILO	R = ROMEO	Y = YANQUI
E = ECO	L = LIMA	S = SIERRA	Z = ZULU
F = FOXTROT	M = MIKE	T = TANGO	
G = GOLFO	N = NOVIEMBRE	U = UNIFORME	

Tabla 1.1 Alfabeto fonético militar, en rojo creaciones del autor.

También omití el número de mi unidad, a la que llamaremos Alfa y utilicé nombres ficticios para las instalaciones militares. Estos cambios garantizan la privacidad y agilizan el proceso de publicación. En cuanto a las fotos, todas son auténticas, pero para proteger la privacidad de las personas, se les aplicaron filtros artísticos que las transforman en obras de arte impresionista. Las únicas exentas de este tratamiento son las fotos de mi familia y las mías.

Para facilitar la comprensión y enriquecer tu experiencia, he implementado un código de colores que destaca información clave y ofrece una perspectiva más amplia de la historia. Las notas del autor ofrecen detalles adicionales que no se encuentran en las notas del diario ni en las cartas. Los secretos del diario revelan eventos inesperados, y el diccionario define términos cruciales para el desarrollo de la trama. Espero que esto te ayude a navegar y disfrutar aún más de esta historia.

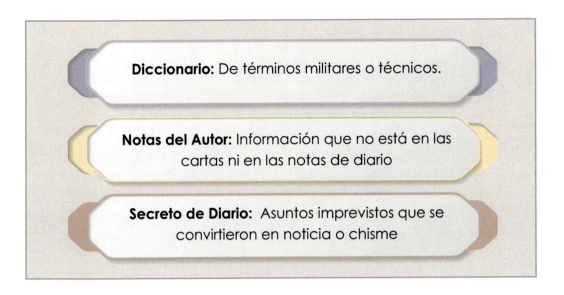

Diccionario: De términos militares o técnicos.

Notas del Autor: Información que no está en las cartas ni en las notas de diario

Secreto de Diario: Asuntos imprevistos que se convirtieron en noticia o chisme

"Recibir una carta es como recibir un pedazo de tiempo, un instante de intimidad y cercanía en medio del caos cotidiano. Es un acto que nutre la conexión humana y ofrece un respiro emocional."

Diana M. Oliver

¿ESTAS LISTO PARA COMENZAR A LEER LA HISTORIA?

¡VAMOS, TE ACOMPAÑO ¡

CAPÍTULO 02

ANTES DE LA TORMENTA:
EL CAMBIO Y LA INCERTIDUMBRE

"En este capítulo, te adentrarás en los momentos previos a mi partida hacia el desierto, cuando los vientos de cambio comenzaron a soplar con fuerza. Las cartas inmediatamente se convirtieron en el refugio para expresar mis emociones y en el faro que me guiaba mientras enfrentaba la separación, la incertidumbre, y la sensación de haber perdido el control sobre mi vida. Acompáñame en este viaje emocional donde el deber, el amor y la fe luchaban por prevalecer."

Soldado Preocupado

ESCUCHA
MÚSICA
ORIGINAL

A. PREÁMBULO

Mi alistamiento en la reserva del ejército tenía un objetivo claro: costear mis estudios universitarios. Trabajaba de día y estudiaba de noche, y estaba cerca de alcanzar una meta importante: graduarme con una licenciatura.

Contaba con un grupo cercano de amigos con quienes compartía el desafío de equilibrar trabajo y estudios. Nos apoyábamos mutuamente, motivados por la esperanza de un futuro mejor. Además, estaba profundamente enamorado de mi novia, con quien ya había hecho planes serios de matrimonio. La vida parecía prometedora, llena de estabilidad y metas claras.

En medio de este contexto de crecimiento personal, recibí la noticia que lo cambiaría todo: mi unidad había sido activada para la guerra. El acuerdo con la reserva era simple: a cambio de un empleo a tiempo parcial y apoyo financiero para mis estudios, estaría disponible para servir en tiempos de paz y de guerra. Ahora llegaba mi turno de cumplir ese compromiso. Este llamado no solo amenazaba mis planes profesionales, sino también mi vida entera.

El amor por mi novia nos llevó a tomar una decisión crucial: casarnos antes de mi partida. Adelantamos nuestros planes más de un año y, con la emoción de dos jóvenes enamorados, decidimos dar el paso. En una ceremonia civil íntima sellamos nuestro compromiso, conscientes de que no sería la boda que habíamos soñado. Prometimos que, tras mi regreso, celebraríamos nuestra unión con el sacramento de la Iglesia. Esa promesa nos sostendría durante mi ausencia. Tras la boda y una breve celebración familiar, ella regresó a casa de sus padres, y yo, al campamento militar para prepararme para ser enviado a Arabia Saudita.

La inminente separación de mi familia, amigos y, sobre todo, de mi esposa generó una mezcla de emociones abrumadoras. Sentía que perdía el control sobre mi vida. Entre el deber y el dolor de dejar todo atrás, mis sueños de estabilidad y un futuro prometedor parecían tambalearse ante una realidad incierta.

La tristeza se convertía en una sombra constante. Separarme de mis seres queridos y mis sueños creaba una carga emocional que intentaba ocultar. Combatía estas emociones con fe en Dios, confiando en su protección. Mostraba fortaleza frente a mis seres queridos para no preocuparlos y seguir adelante con determinación.

En ese escenario, las cartas comenzaron a ser fundamentales. Cada una se transformó en una fuente de fortaleza espiritual y emocional, un recordatorio tangible del amor de Dios. Las cartas de mi esposa, en particular, se convirtieron en una chispa de esperanza. Sus palabras me llenaban de ánimo cuando el miedo y la duda me acechaban, dándome la fuerza para continuar y regresar a casa.

Hoy me siento orgulloso de las decisiones que tomamos. Aunque no tuvimos la boda soñada, nuestra unión fue sólida y nos dio la fuerza para enfrentar lo que estaba por venir. Antes de adentrarnos en las cartas que intercambiamos, es importante contextualizar los eventos históricos que enmarcaron nuestra historia: la invasión de Irak a Kuwait y sus consecuencias.

En el siguiente código QR encontrarás un video que preparamos para contextualizar el conflicto y los resultados de la guerra. Este video será una guía para adentrarte aún más en esta historia real.

A continuación, los eventos históricos más relevantes que enmarcan este capítulo. Estos hechos permiten comprender tanto el panorama global como las circunstancias que rodean a los personajes en esta historia:

- **1 de diciembre de 1990**: Las fuerzas de la coalición, lideradas por Estados Unidos, continúan llegando a Arabia Saudita como parte de la Operación Escudo del Desierto. Las tensiones en la región aumentan mientras las sanciones internacionales contra Irak se endurecen.

- **4 de diciembre**: La ONU emite la Resolución 678, autorizando el uso de "todos los medios necesarios" para expulsar a las fuerzas iraquíes de Kuwait si no se retiran antes del 15 de enero de 1991.

- **6 de diciembre:** Las fuerzas estadounidenses y aliadas continúan desplegándose en Arabia Saudita en la operación "Desert Shield" (Escudo del Desierto).

- **20 de diciembre**: Las fuerzas de la coalición superan el medio millón de soldados desplegados en la región, listos para una posible acción militar.

B. DICIEMBRE: **DIARIO IMÁGENES Y CARTAS**

29 de noviembre de 1990

A las 7:00 AM me reporté a la base militar. Recibimos instrucciones sobre la misión y equipo nuevo para prepararnos para la posible guerra. Aunque el estado anímico de la tropa aparentaba estar alto, sentíamos miedo por las órdenes de movilización. Terminé el día en casa de mi madre, donde escribí una carta a mi novia.

30 de noviembre

Me corté el pelo en la barbería en Hormigueros, mi pueblo natal, y compartí con el barbero que me recortaba cuando era niño. Reflexiones sobre lo rápido que pasa el tiempo y se nos va la vida. Por la tarde, empacamos el equipo y preparé un poder legal para mi hermana, autorizándola a realizar gestiones en mi nombre.

1 de diciembre

Tuve mi primera guardia velando las armas de la unidad, lo que me dio tiempo para reflexionar sobre las órdenes de seis meses. Por la tarde, acepté la realidad y mi deber. Esa noche, la comunidad organizó una pequeña fiesta en nuestro honor, mostrando su aprecio y solidaridad.

2 de diciembre

Salimos hacia el Campamento Santiago, donde comenzamos el proceso administrativo militar. Llamé a mi novia por la noche, lo cual me dio ánimo para seguir adelante.

3 de diciembre

Comenzamos el día con ejercicios físicos, corriendo 3 millas. Durante el día, inventariamos materiales y protegimos los equipos de la lluvia. Aunque extraño a mi familia, la universidad y a mi novia, tengo fe en que de esta experiencia regresaré fortalecido.

Secreto de diario: Hoy sacaron del sistema a nuestro capellán, pues él no quería servir y su actitud estaba muy distante de lo que se esperaba de él. Esto nos pareció necesario, pues su actitud no contribuía en nada al equipo.

2.1. Entrada del Campamento Santiago

2.2. Compañeros de la unidad Alfa posando frente a la barraca. Soldado Oscar, Romeo, Tango, Hotel y Sierra, Sargento Lima y Sargento Golfo.

4 de diciembre

Corrí en el grupo de los rápidos y me sentí bien físicamente. Inventariamos cada caja y revisamos las condiciones del equipo. Por la noche, recibimos una conferencia sobre logística en el Golfo y costumbres árabes, preparándonos para el choque cultural. Antes de acostarme escribí una carta.

5 de diciembre

Pasé el día ayudando a llevar vehículos al mantenimiento y recibiendo entrenamiento en equipo de protección contra armas biológicas y químicas. Llamé a casa y escribí una carta a mi novia por la noche.

6 de diciembre

Realizamos entrenamiento táctico militar. Hoy se informó al soldado Noviembre que no iría al Golfo debido a problemas emocionales. Su comportamiento errático durante la noche reflejaba su angustia.

7 de diciembre

Participé en adiestramientos de primeros auxilios y supervivencia. Por la tarde, el oficial Foxtrot nos invitó a grabar un programa de radio para una estación local, participando junto con el soldado Sierra y el soldado Romeo. Fue una buena experiencia, y espero poder escuchar la entrevista sobre nuestros preparativos y sentimientos.

8 de diciembre

A las 5:30 AM, el sargento Lima gritó "Despierten dormilones" y me levanté con ánimo. Tomamos adiestramiento sobre cómo disparar el rifle M-16 correctamente, cubriendo todos los aspectos del uso del rifle. Esta noche recibí la visita de Barby, mis suegros Rita y Víctor, mi hermana Evelyn y su esposo José. Me sentí muy feliz de ver a mi novia, besarla y abrazarla. Les informamos nuestra decisión de casarnos por lo civil antes de la partida. Víctor estuvo de acuerdo, apoyándonos en nuestra decisión. Pido a Dios que nos bendiga y nos amemos cada día más.

9 de diciembre

Llamé a mi madre para contarle sobre mi decisión de casarme. Fuimos a calibrar las miras de los rifles, una tarea que disfruté, aunque espero no tener que disparar en la guerra.

2.3. Entrenamiento de tiro al blanco

2.4. Compartir con pizza y refrescos luego de un día intenso.

10 de diciembre

A las 4:45 AM, como de costumbre, estamos despiertos temprano. Fuimos a cualificar con el rifle, pero no cualifiqué porque de 40 tiros, solo coloqué 20 en el blanco y necesitaba 26. Irak decidió liberar a todos los rehenes, lo que creó optimismo y esperanza en una solución pacífica.

11 de diciembre

Recibí dos cartas (Carta 4 y 5) de mi novia, las más hermosas que he recibido en mi vida. Traté de comunicarme con ella tres veces, pero el teléfono aún no funcionaba, así que decidí escribirle una carta. Me tocó hacer tareas administrativas con la sargento Juliet.

12 de diciembre

Nos pidieron pintar los vehículos de una compañía grande, lo que consideramos injusto por la cantidad de trabajo. Planeé detalles de la boda, estimando el presupuesto de los gastos.

13-15 de diciembre

Días intensos de trabajo pintando vehículos y preparando materiales. Compré una revista sobre negocios para aprender más sobre mantener un buen crédito. Recibí carta de mi novia. Leer y escribir me resulta entretenido y relajante.

16 de diciembre

Hoy me toca un pase de 24 horas. Hice mis deberes temprano y a las 11:00 AM pedí permiso al sargento Lima para salir antes, y él accedió. Aproveché mi pase para pasar tiempo con Barby. Fuimos a misa y disfrutamos de un día especial juntos, lo que me hizo sentir profundamente agradecido.

17 de diciembre

Me levanté temprano y fui a casa de Barby para comenzar los trámites para casarnos. Nos hicimos la prueba de sangre requerida y luego recogimos certificados de nacimiento y otros documentos para la boda. Coordinamos con la juez la fecha de la boda para el 21 de diciembre a las 5:30 PM. Informaré la fecha en la unidad y le solicitaré al sargento Lima un pase de 48 horas. Después de un día de intensas emociones, Barby me llevó de regreso al campamento, acompañada por dos niñas del barrio. Me sentí como un padre despidiéndose de su familia. Sentí una mezcla de alegría y responsabilidad mientras organizábamos todo para el gran día.

18-20 de diciembre

Llegó un nuevo capellán, que me pareció un hombre de fe que nos ayudará en momentos difíciles. Terminé tareas pendientes en el campamento, incluyendo pintar vehículos y preparar equipos. Hoy comienza mi pase de 48 horas para la boda civil, y mi hermana Evelyn vino a buscarme. Se veía hermosa con su barriga de cinco meses de embarazo. Sentí una mezcla de emociones fuertes, especialmente alegría y nerviosismo.

21 de diciembre

Me casé con Barby en una ceremonia civil sencilla, corta y emocionante en el tribunal municipal de Trujillo Alto. Celebramos con una reunión modesta en su casa, rodeados de familiares y amigos cercanos. Los presentes nos expresaron sus deseos de felicidad y prosperidad. Estoy agradecido por un día perfecto.

2.5 Nuestra boda civil ante la juez municipal de Trujillo Alto

22-25 de diciembre

Disfruté mi tiempo con Barby y nuestras familias. Fuimos a Yauco y Hormigueros para visitar amigos y compartir nuestra alegría como recién casados.

26-28 de diciembre

Regresé al campamento para continuar los preparativos. La salida a Arabia Saudita seguía retrasada, lo que nos permitió despedirnos de nuestras familias.

30-31 de diciembre

Pasé el Año Nuevo con Barby y su familia en Vega Baja, disfrutando de música, baile y comida. Fue un momento especial antes de las incertidumbres que nos esperaban.

Titulo: Una semilla de amor en tiempos de guerra

Amada de mi alma:

Tomo este papel con la esperanza y el deseo de expresar de alguna forma mi amor por ti. Ahora es más difícil porque no estamos juntos. La distancia nos separa y te extraño a cada momento. Tengo sensaciones extrañas en mi pecho cuando pienso en ti y no te puedo tocar, ni hablar, ni contemplar. Me hacen falta tus caricias, poder abrazarte y escuchar tu voz. Tengo sed y hambre de tu mirada y tu ternura.

Gracias a Dios sé lo que me pasa y a qué se deben todas estas fuertes y hermosas sensaciones: ¡Es que te Amo! Aquella semilla de amor germinó y continúa creciendo sobre unas bases tan sólidas que ni la guerra, ni las tormentas que enfrentemos juntos podrán detener.

Corazón de mi vida, me fascina tu forma de ser, eres mi mayor tesoro y mi fuente de felicidad y paz. Tu presencia me inspira el deseo de superarme en todos los aspectos de mi vida. Por eso, cada día tengo más razones para amarte un poco más.

Se me hace difícil imaginar cómo serán mis días sin tenerte cerca y separarme de todo lo que me importa. Confío en Dios nos dé fortaleza para superar esta prueba y continuar cuidando de nuestro noviazgo.

Te ama incondicionalmente, tu futuro esposo

Título: En cada carta y con cada palabra te enviaré mi calor

Mi amada novia:

Ya llevo varios días en el campamento militar preparándonos para partir para la guerra. Pido a Dios te encuentres en perfecta salud y que todo marche bien en el trabajo y en todo lo que hagas. Dales los más afectuosos saludos a tus padres, tus abuelitos y a toda nuestra familia. Sinceramente, estoy feliz de contar con una familia más grande desde que somos novios.

Puedes estar tranquila, pues estamos muy bien y como buenos Boricuas intentamos hacer las cosas más llevaderas. Por ejemplo, mientras trabajamos duro, cantamos desafinados, bromeamos y nos mantenemos motivados. Hasta ahora, lo que más me gusta es hacer entrenamiento físico militar todos los días temprano en la mañana y compartir con los muchachos. En verdad, somos reservistas del ejército desde hace varios años y nos entendemos bastante bien. No tengo duda que haremos un buen trabajo, cuando lleguen los momentos difíciles.

Aquí te envío copia de las órdenes, pues las necesitarás cuando vengas a verme aquí en el campamento. Luego te llamaré para darte más detalles.

Quiero que sepas que eres mi recuerdo más grato y mi mayor tesoro. Por eso, en cada carta y con cada palabra te enviaré mi calor.

Cuídate mucho, te ama, tu futuro esposo.

Título: Los preparativos hacia la incertidumbre de la guerra

Mi querida Novia:

Recibe besos y abrazos del hombre que te ama. Confío en Dios que estés en perfecta salud, al igual que toda tu familia, que desde que somos novios son también mi familia.

Mi vida, no te preocupes por nosotros. Aquí estamos entrenándonos y aprendiendo sobre costumbres árabes y asuntos militares. Estoy tranquilo con la activación, lo más que me ocupa es la distancia que ahora me separa de ti. Siento que me impide cuidarte, acariciarte y darte lo mejor de mí. Esto también retrasa mis estudios, y quiero terminarlos para prepararme y forjar a tu lado un futuro mejor.

Quiero que sepas que el ejército está haciendo todo de manera organizada y responsable, asegurando que cada soldado tenga el equipo necesario. Mi unidad llevará todo al campamento: vehículos, manuales, lápices, hasta el papel de baño. Hemos tenido que preparar y empacar cada cosa en inventarios meticulosos. La orden es que ningún soldado viaje a Arabia sin que todo el equipo llegue antes, aunque aún no sabemos el medio de transporte ni la fecha.

Existe la posibilidad de que pase la Navidad en Puerto Rico, pero es incierto. Mis órdenes son por seis meses hasta el 21 de mayo de 1991, pero podrían ser solo tres meses si se logra un acuerdo entre Irak, Estados Unidos y Kuwait. También podría ser un año si estalla la guerra. Es difícil hacer planes cuando todo es tan impreciso, y me gustaría saber qué tiempo estaré en este estatus. Nada me haría más feliz que volver a verte. Eres la razón de mi alegría, y deseo que todo esto termine, graduarme, encontrar un buen empleo, casarnos y darte todo lo que mereces.

Te amo incondicionalmente, y espero pronto volver a sentir el latir de tu corazón emocionado entre mis brazos.

Te ama, tu futuro esposo.

Carta No. 4   **6 de diciembre de 1990**

Titulo: La carta perfumada: La primera de mi amada

Querido amor,

Le doy infinitas gracias a Dios por cuidarte todos los días, por permitirme amarte y que mi amor por ti siga creciendo.

Hoy, mami me llamó al trabajo para decirme que había llegado una carta tuya. ¡Yo me puse bien contenta y emocionada! Y le pedí que me mandara la carta porfax, mami contestó ¿Qué es eso? Yo le dije, mami vete a la farmacia y diles que necesitas enviar un Fax a tu hija urgente.   Gracias a Dios, después me di cuenta de que estaba desesperada y le dije que esperaría a llegar a casa en la tarde para leerla.

A las 4:30 p.m. le digo a mi jefe que me iba a las 5:00 en punto. Y así fue, ¡imagínate que mis amigas me vieron en el expreso y llegué antes que ellas! Todo por saber de ti, ¡qué locura! Necesito cualquier cosa tuya, tengo ansias de saber de ti, de leer tu carta y apretarla contra mi pecho para sentirte aquí conmigo.

Me alegra muchísimo saber que estás bien, entonces yo estoy más tranquila y menos desesperada. Vuelvo y leo tus cartas, postales una y otra vez, miro las fotos del pasado, duermo pensando en ti.   Definitivamente te AMO y te seguiré amando sin importar el tiempo que estés allá.

El fin de semana pasado llamé a tu casa y me puse en contacto con tu hermana para ir a verte y espero sea pronto. ¡Bueno mi amor, te seguiré escribiendo mis notitas de amor! Esta vez rocié la carta con el perfume que tanto te gusta.

Te ama, tu novia que te extraña

Carta No. 5	9 de diciembre de 1990

Título: Un sueño compartido: Volando con los pies en la tierra

Mi querido Amor:

Lo primero que quiero expresarte es la emoción tan grande que sentí y aun siento cuando te oí decirle a mi papá sobre tus intenciones de casarte conmigo, casarnos y estar unidos para siempre.

Esa noche del sábado, no pude dormir, y si en algún momento me quedaba dormida profundamente, tú ocupabas mis sueños; me haces la mujer más feliz del mundo. Jamás pensé que me pudiera pasar a mí y de qué manera tan inolvidable, como para contar y no acabar. Yo sé que de nosotros dos y de nuestro amor, se puede escribir una de las historias más bellas. No te niego que en momentos siento susto, me imagino que tú también. Yo no quiero vivir este momento totalmente en las nubes, quiero ser realista, vivir pisando tierra firme, quiero que tengas una verdadera mujer a tu lado, como yo te tengo a ti. Contigo me siento muy amada y segura.

Pido a Dios que me ayude y capacite para amarte cada día más, mucho más, hasta el límite que él permita. De ese Amor que se busca y casi no se ve, el verdadero que solo proviene de Él. Estoy muy romántica, ¿verdad?

Bueno mi vida ya mañana empiezo con las diligencias y averiguaciones sobre cómo casarnos por el juez; creo que lo que hace falta es la prueba de sangre, unos papeles del registro demográfico y hablar con el juez del pueblo. Sencillo, ¿no? Espero que sí. Llama a tu hermana para saber cuándo y a qué hora son los días de visita y por favor le dices que yo la llamo del trabajo o si puede que me llamé.

Hasta pronto, cuídate mucho, cuando vayas a correr abrígate bien.

Te quiero muchas veces

Tu futura esposa que te espera

Título: Quiero que estés conmigo a cada momento

Amada mía:

Hoy recibí dos cartas y ¿sabes algo? Han sido las cartas más bellas que jamás haya recibido. Llevo un día con ellas y ya las he leído 2 veces cada una. Me fascina saber que contribuyo con tu felicidad y que me amas sinceramente.

Ayer traté de comunicarme por teléfono, pero sonaba y nadie lo cogía, supongo que aún no han reparado el cable. Hoy también traté, pero cuando esperaba turno cayó tremendo aguacero. Precisamente ahora decidí escribirte mientras cae la lluvia. Mientras escribo, pienso cuánto me gustaría estar contigo.

Bueno mi vida quiero repetirte que te amo y quiero que seas mi esposa para hacerte feliz y quererte mucho. Quiero comenzar una familia basada en el amor, respeto y comunicación. Quiero que estés conmigo a cada momento, cuando haga frío, cuando haga calor, en la tristeza, en la alegría, en la victoria y en la derrota.

Cómo escribes en la carta, nuestra historia de amor es muy especial, pues pocas parejas comienzan con un reto tan grande como nosotros. Yo me siento muy orgulloso y afortunado por contar con tu amor y el aprecio de tu familia. Pido a Dios me permita disfrutar de esta alegría por muchos años. Ahora que estamos lejos, las palabras y la imaginación son todo lo que queda y se convierten en nuestro refugio y nuestro paraíso.

Amor, tengo muchos deseos de hablar contigo y planificar varias cosas; también deseo saber cómo reaccionó nuestra abuela a la noticia.

Mi vida, cuídate mucho,

Te ama incondicionalmente, tu futuro esposo

Postdata: Qué rico oler tus cartas, cierro los ojos, te siento cerca, y suspiro por tus besos y abrazos.

| Carta No. 7 | **11 de diciembre de 1990** |

Título: Pequeños detalles para la boda civil antes de partir

Mi Vida:

Espero en Dios que te encuentres en perfecta salud y contento con tu labor y compañeros en tu unidad. Hoy recibí tu carta. En realidad, mientras la leía, pensaba: "Ya está hablando como soldado". Me siento muy tranquila cuando leo tus cartas, y te expresas animado, positivamente y con confianza.

¿Sabes? Estaba viendo un programa de televisión y salió el jugador de baloncesto Ramón Ramos (el del accidente). Él aplaudía y logró decir unas palabras con un gran deseo de expresarse. Es admirable su lucha por recuperarse. Además, mencionaron que Michael Bolton, el cantante, iba a asistir a una entrevista en el programa y rápido me acordé de ti, porque sé que es uno de tus cantantes favoritos. Ahora, no sé si es verdad, pero si Michael Bolton llega a venir a dar un concierto a Puerto Rico, le pediré que lo posponga para cuando podamos ir. ¡Imagínate, ese concierto estaría incompleto sin nosotros!

En relación con las gestiones para nuestra boda, tengo ciertos datos, pero te los quiero dar en persona cuando te pueda visitar en el campamento militar.

Ya nos arreglaron el teléfono. Si no puedes llamar antes del sábado, yo voy a estar por allí a la misma hora del sábado pasado. Si no puedo estar por alguna razón, trataré de averiguar para el domingo.

Bueno, mi vida, mi soldado de chocolate sabroso, será hasta el sábado si no me puedes llamar. Se me olvidaba decirte que tienes una letra de artista muy linda y organizada (sí, yo sé que tú eres todo bello). Ahora sí que me despido. Todos por acá te envían saludos, muchos cariños y besos (pero de los besos me encargo yo, luego).

Te amo con todo mi corazón, tu futura esposa

C. **REFLEXIÓN**

En el capítulo anterior, se describe el impacto emocional de recibir la noticia de mi partida al conflicto. Dicho evento nos llevó a mi novia y a mí a tomar una decisión que pocos comprendieron: casarnos antes de mi partida. Para nosotros, esa decisión fue una forma de afianzar lo que sentíamos, acelerando nuestro sueño de estar juntos, aun frente a la incertidumbre, el peligro y la separación. Fue un acto de amor que definió cómo enfrentaríamos lo desconocido y nos brindó la promesa de un futuro compartido. Las cartas que recibí después de esa decisión fueron un recordatorio constante de lo que realmente importaba: el amor y el compromiso que nos unía, a pesar de la distancia y las dificultades de la guerra.

La tristeza y la duda que acompañan una decisión difícil no siempre indican error. A menudo, simplemente señalan que estamos saliendo de nuestra zona de confort, enfrentando la incertidumbre. Fue en ese terreno desconocido donde crecimos, aprendiendo a confiar en Dios y en nuestras decisiones. Casarnos antes de la guerra, a pesar de la incertidumbre, fue un paso necesario para nosotros. Las cartas de mi esposa me recordaban continuamente que, aunque sentíamos tristeza, nuestra unión era más fuerte que las circunstancias, y esa tristeza reflejaba el valor de lo que habíamos construido juntos.

Tomar una decisión importante es como aventurarse en un sendero nuevo en el bosque. Al principio, la niebla de la incertidumbre oscurece el camino, llenando el corazón de temor. Pero con cada paso, el sendero se aclara, revelando la belleza y el propósito oculto. Aunque el viaje es difícil, las recompensas que encontramos al avanzar nos demuestran que el primer paso fue el más valiente y necesario.

CAPÍTULO 03

DURANTE LA GUERRA: EL MIEDO Y LA LUCHA CON EL ENTORNO

"Adéntrate en un escenario donde el miedo y la incertidumbre eran compañeros inseparables. En este capítulo, te llevaré al corazón del desierto, un lugar implacable donde el calor abrasador y las tormentas de arena no eran los únicos enemigos; el constante peligro de las armas químicas y biológicas acechaba en cada momento.

Fue allí donde enfrentamos la cara de la muerte, pero también donde las cartas de amor y solidaridad jugaron un papel crucial. En medio del caos y la guerra, estas cartas se convirtieron en un recordatorio constante de que existía un propósito más grande por el cual resistir."

Soldado Preocupado

VERSION ESPOSA

SOUNDTRACK

ESCUCHA MÚSICA ORIGINAL

VERSION SOLDADO

SOUNDTRACK

A. PREÁMBULO

El miedo y la incertidumbre fueron compañeros constantes durante los días más oscuros de la guerra en un infierno de arena. Desde el momento en que llegamos a Arabia, el entorno hostil se hizo sentir en cada aspecto de la vida. El calor abrasador, las tormentas de arena y el paisaje desolador crearon una atmósfera que reflejaba la dureza de la situación que enfrentamos. Sin embargo, más allá del clima extremo y el entorno implacable, había una amenaza aún más aterradora: el enemigo poseía armas químicas y biológicas, lo que añadía un nivel adicional de miedo a cada día y a cada misión.

El miedo era visceral. No solo era el temor a los combates o a los peligros visibles, sino también al ataque químico o biológico, un enemigo invisible que podía aparecer en cualquier momento. La tensión se elevaba a medida que montábamos el campamento y construíamos nuestras defensas a tan solo días del inicio de la guerra. Trabajábamos sin descanso, con palas y picos, cavando hoyos y llenando sacos de arena para fortificar nuestras posiciones, sabiendo que el tiempo jugaba en contra nuestra. El estrés causado por cada alarma de ataque, que nos obligaba a reaccionar rápidamente, era una prueba constante de resistencia tanto física como emocional.

La incertidumbre, por otro lado, era una carga diferente pero igual de pesada. Nadie sabía con certeza cuánto tiempo estaríamos allí ni cuándo atacarían. Cada día era una batalla contra el reloj, contra el entorno y contra el enemigo invisible. El impacto de manejar cuerpos mutilados de soldados caídos en combate también se sumaba a la carga emocional. Ver y tocar el costo real de la guerra, los cuerpos de aquellos que habían dado su vida en el frente, me dejaba con una mezcla de horror y responsabilidad. Sabíamos que el peligro no solo estaba en las balas y las bombas, sino en todo lo que el enemigo podría usar contra nosotros.

En enero vivimos el desierto doblemente, porque nadie recibió cartas y apenas logramos hacer llamadas a nuestras familias. Recuerdo el dolor que pasaban los compañeros cuando hablaban por teléfono con sus hijos pequeños. Durante la llamada ellos contenían el llanto para aparentar que estaban bien, pero una vez terminaban se desmoronaban emocionalmente. Resultaba admirable tener que contestar con un optimismo heroico las preguntas inocentes y recibir las expresiones de amor de sus hijos sin saber si podía ser la última llamada. "¿Cuándo regresas, papá?", "¿Estás bien?", "Te extraño", "Me haces falta", "Quiero que vuelvas".

El 10 de febrero llegaron las primeras cartas y afortunadamente cambiaron la dinámica emocional, porque rápidamente se convirtieron en aliadas, en bálsamo y en terapia. Fueron esas expresiones de amor y la solidaridad de las cartas que recibía lo que me ayudaron a continuar, acompañado por las palabras sobre papel. En medio del miedo y la incertidumbre, esas palabras escritas a mano se convirtieron en un recordatorio de que había un propósito mayor por el cual seguir adelante. Cada carta era una promesa de esperanza, un hilo que me conectaba con las personas que amaba y que me esperaban con ansias. Las palabras de apoyo, de cariño y de fe que me llegaban a través de esas cartas me daban la fuerza que el paisaje desolador intentaba arrebatarme.

A continuación, se presentan los eventos históricos más significativos del conflicto que contextualizan este capítulo.

- **9 de enero de 1991**: Último intento de negociaciones en Ginebra entre Estados Unidos e Iraq, que termina sin éxito.

- **12 de enero**: El Congreso de Estados Unidos autoriza el uso de la fuerza contra Iraq.

- **15 de enero**: Vence el ultimátum de la ONU sin que Irak se retire de Kuwait.

- **16-17 de enero:** Comienza la Operación "Desert Storm" (Tormenta del Desierto) con una campaña aérea masiva liderada por Estados Unidos y la coalición aliada.

- **29 de enero**: Irak invade la ciudad saudita de Khafji, siendo repelida dos días después por las fuerzas de la coalición.

- **13 de febrero**: Un ataque aéreo de la coalición destruye un búnker en Bagdad, causando numerosas bajas civiles.

- **24 de febrero**: Inicia la ofensiva terrestre de la coalición, entrando a Kuwait y el sur de Iraq.

- **27 de febrero**: El presidente de EE. UU., George H. W. Bush, anuncia que Kuwait ha sido liberado. Las fuerzas de la coalición detienen la ofensiva.

- **28 de febrero**: Se anuncia el alto al fuego, con la rendición de las fuerzas iraquíes en retirada.

B. ENERO: **DIARIO, IMÁGENES Y CARTAS**

RUTA VIAJE - LA GUERRA DEL GOLFO PERSICO 1991

MADRID, ESPAÑA

NEW JERSEY, USA

DHAHRAN, ARABIA,

CEIBA, PUERTO RICO

3.1 Ruta de viaje de Puerto Rico hasta Arabia Saudita

3.2 La prensa cubrió la partida de nuestra unidad hacia Arabia Saudita. Foto de nosotros eufóricos dentro del avión. Esta fue publicada en el periódico El Nuevo Día, el 01/03/1991

1 de enero de 1991

La lluvia intensa marcó un inicio simbólico para el año. La llamada al oficial Foxtrot confirmó que no había vuelta atrás: saldríamos para Arabia Saudita al día siguiente. El abrazo y el beso con Barby sellaron nuestra promesa de amor eterno frente a lo incierto.

2 de enero

El viaje comenzó en la madrugada, pasando por Nueva Jersey y España antes de llegar a Arabia Saudita. Cada etapa del trayecto aumentó la sensación de lejanía y la conciencia de lo que nos esperaba. Al llegar, el frío y las primeras interacciones culturales nos hicieron sentir el peso de lo desconocido.

3 de enero

El viaje hacia Dhahran nos presentó un paisaje diferente. La vista desde el avión, los colores vibrantes del transporte y el idioma árabe nos hicieron sentir que estábamos en otro mundo. La bienvenida en el campamento fue cálida, pero el frío desértico y la falta de equipo para abrigarnos nos afectaron.

4-7 de enero

Los días estuvieron llenos de ajustes y preparativos. La misión comenzó a tomar forma, pero el ambiente era tenso. Llamar a casa y saber que todo estaba bien fue un pequeño alivio en medio de la incertidumbre. (Carta 8)

8 -10 de enero

La llamada a Barby trajo alegría en medio de la espera de órdenes. Observamos la cultura local, lo que reforzó la necesidad de adaptarnos y ser respetuosos. El desierto, con su clima extremo y vastedad, se convirtió en un recordatorio constante de nuestra vulnerabilidad.

11 -12 de enero

El traslado al Campamento K marcó el inicio de nuestra misión. Allí, conocimos a los soldados de una unidad que compartiría nuestra misión de operar un mortuorio para identificar y procesar cadáveres de soldados. Ellos también son reservistas de otro lugar de los Estados Unidos. Nos recibieron bien, pero esa primera noche dormimos mal: el desierto nos sorprendió con un frío insoportable que empeoraba con un viento constante. No teníamos ropa ni equipos para contrarrestarlo. Nos prestaron una caseta tarde, la montamos lo más rápido posible, pero apenas cabíamos todos y la incomodidad era extrema. El sueño fue escaso y perturbador.

3.3 Primera noche fría en Arabia Saudita. Sargento Indiana, soldado Alfa, soldado Hotel, sargento Lima, sargento Alfa y yo el soldado Rodríguez.

3.4 Tarde en la noche escribiendo cartas

13-14 de enero

Construir los búnkeres fue una tarea extenuante, física y emocionalmente. Tuvimos que crear dos turnos de trabajo para cavar los huecos para los búnkeres utilizando palas y picotas en un suelo seco y duro. Además, tuvimos que llenar cientos de sacos de arena para crear nuestras defensas. Cada saco de arena representaba nuestra lucha contra el miedo y la urgencia por estar preparados ante un posible ataque. Hay mucha presión para terminar los búnkeres, ya que mañana se cumple el plazo dado por las Naciones Unidas a Irak para que salga de Kuwait. Es posible que Hussein ataque primero. Los búnkeres nos protegerán en caso de lanzamiento de misiles. Siento que la tensión y el miedo aumentan cada hora.

Diccionario: Búnker, es una estructura defensiva subterránea o semisubterránea, construida con materiales reforzados, como concreto o sacos de arena, diseñada para proteger a los soldados y equipos de ataques enemigos, especialmente de bombardeos y armas químicas o biológicas. En nuestro caso eran huecos grandes con techos de madera y cubiertos con sacos de arena.

15 de enero

Continúa el trabajo intenso; aún faltan por construir cuatro búnkeres y llenar muchos sacos de arena adicionales. El terreno está duro y el trabajo manual es lento. Todos estamos esforzándonos al máximo. Todavía no tenemos noticias de quince compañeros soldados de nuestro batallón que salieron hace tres días desde Dhahran y no han llegado. Creemos que pueden estar perdidos o que les pasó algo.

Nota del autor: El estrés y el terror constante nos rodeaba mientras construíamos el campamento, que se sentía más como una trampa mortal que como un refugio. Éramos pocos soldados y cavar búnkeres para diez personas era una tarea monumental.

Esta experiencia, antes y durante el inicio de la guerra, fue profundamente traumática. Muchas veces pensé: "Llegamos aquí para ser carne de cañón." Este estrés dejó marcas imborrables en mi mente. Bajo estas condiciones, antes de intentar dormir, sacaba fuerzas para escribir y releer cartas. Las cartas se convirtieron en mi motivo, mi fortaleza y mi faro en la oscuridad.

3.5 Grupo de soldados almorzando, durante el proceso de llenar sacos de arena

3.6 Grupo de soldados cavando hoyos para construir los búnkeres

16 de enero

A las 10:30 de la mañana, mientras trabajábamos, por primera vez sonó la alarma de la ciudad, indicando un ataque químico. La oímos, nos miramos asustados y alguien gritó "¡Gas!" Todos nos pusimos el equipo de protección (Mopp Suit Nivel 4 y salimos corriendo rápidamente al búnker. Había pánico ante la posibilidad de morir a causa de bombardeos, armas químicas o biológicas.

Diccionario: MOPP SUIT LEVEL 4, era un equipo que debíamos ponernos rápidamente para protegernos de los gases químicos y biológicos. El nivel cuatro era el máximo porque incluía, ponerse todos los componentes de protección, el traje, las botas, los guantes y la máscara.

3.7 Soldados dentro del búnker con equipo de protección nivel 4, el máximo

Nota del autor: El terror se infiltraba en nosotros con las constantes alertas de ataques químicos y biológicos. Desde el primer día, el miedo fue nuestro compañero constante. Cada alarma anunciaba un posible ataque mortal, acelerando nuestros corazones. Nuestra única defensa era el "MOPP Suit Level 4."

Corríamos hacia el búnker, buscando refugio de armas químicas y misiles. Una vez dentro, el miedo era palpable. Sabíamos que una falla en nuestro equipo podría significar la muerte. El traje nos sofocaba; respirar, beber y comer representaban un desafío. Necesidades básicas como orinar y defecar debían hacerse dentro del traje. El silencio en el búnker era insoportable; solo se escuchaban los latidos acelerados de nuestros corazones y la respiración dificultosa que empañaba los cristales de nuestras máscaras.

Lo más estresante era decidir cuándo quitarnos el equipo. Dependíamos de los protocolos y del especialista NBC. Cuando determinaba que era "seguro", un soldado debía quitarse la máscara primero, mientras los demás observaban en tenso silencio. Recuerdo claramente las veces que me tocó quitarme la máscara primero. Sentía un terror inmovilizante al contener la respiración, sabiendo que podría estar inhalando aire contaminado. El pánico me paralizaba mientras veía los ojos aterrados de mis compañeros, esperando el desenlace entre la vida y la muerte.

Esa sensación de vulnerabilidad quedó latente en mí. Cada vez que enfrento situaciones difíciles, regresa ese mismo miedo, recordándome la intensidad de la guerra.

17 de enero

Las primeras alarmas químicas despertaron el pánico colectivo. Ponernos el equipo NBC y refugiarnos en los búnkeres nos mostró cuán real era el peligro. La tensión, el frío y la incertidumbre dominaron estos días. Esa noche hubo tres alarmas y no pudimos dormir, pasamos la noche en el búnker. Quitarnos la máscara sin la certeza de que no había peligro ha sido de las peores experiencias que he vivido.

Sintonizamos la radio y la noticia era que Estados Unidos había atacado a Irak. **Había comenzado la guerra con muchas misiones aéreas para bombardear Irak**. El primer ataque fue un éxito sin pérdidas aliadas. Aviones árabes, americanos, británicos y franceses se unieron a la guerra. Celebramos el éxito del primer ataque con galletas y café.

Nota del autor: A pesar de la celebración, me sentí confundido. Me parecía absurdo estar contento por el inicio de la guerra, sabiendo lo que significaba en términos de vidas humanas y pérdidas materiales. Luego me convencí de que, si la guerra no comenzaba, no terminaría, y que se habían agotado todos los medios diplomáticos para que Irak saliera de Kuwait. Aunque la violencia no se justifica, combatir la avaricia y prepotencia de los tiranos abusadores parecía ser la única alternativa posible.

18-20 de enero

Las constantes alertas de ataque químico y los misiles interceptados nos mantuvieron al límite. La rutina de correr al búnker, ponernos la máscara y esperar la señal de "All Clear" se volvió en una pesadilla real. Resultaba estresante permanecer dentro del búnker con la máscara apretada puesta, escuchando solo los latidos del corazón y la respiración profunda. El aliento empañaba los cristales de la máscara, los minutos se hacían eternos y la muerte rondaba entre nosotros.

21 de enero

Decidí acostarme a dormir con las botas y el equipo de NBC puesto. Me desperté con otra alarma y solo tuve que ponerme los guantes y la máscara.

22 de enero

En medio del caos que vivimos, lo más alentador sería recibir cartas al terminar la formación de primera hora en las mañanas. Lamentablemente, no llegan porque estamos en guerra y la gente no conoce nuestra dirección. Me conformo con releer las cartas que recibí antes de salir para acá. Todo lo demás se vuelve pesado y rutinario.

23 de enero

Continúa el ataque aliado. Desde nuestro campamento podemos ver y escuchar el potente sonido de los aviones que salen del aeropuerto temporero junto a nuestro campamento.

24 de enero

Esta noche me acosté con la máscara y todo el equipo NBC puesto. Me desperté cuando el sudor se acumuló dentro de la máscara. Fue la primera y la última vez que me acostaría con la máscara puesta. Esa noche hubo una alerta a las 2:00 AM. Usualmente los ataques son en la madrugada para causar más daño.

25 de enero

La lluvia inesperada inundó el desierto, un contraste surrealista con el entorno árido. Estos cambios climáticos impredecibles complicaron aún más nuestras condiciones de vida.

3.8 Campamento en el desierto inundado por la lluvia

26 de enero

Llamé a Barby, pero no estaba. Llamé a mi madre para desearle y cantarle "Feliz Cumpleaños". Fui el primero en hacerlo, aunque estoy más lejos. Nos mudamos de caseta y tuve guardia de 6:00 PM a 8:00 AM. Mucha lluvia y frío. Me siento cansado física y emocionalmente.

27 de enero

Trabajamos en mejorar nuestras casetas, añadiendo pisos de madera para mayor comodidad. Este logro del equipo de los Joseadores fue un pequeño pero significativo triunfo frente a las adversidades del entorno.

Nota del autor: El nombre de Los Joseadores lo utilizábamos para describir nuestra intención y compromiso de resolver y ocuparnos de nuestras necesidades por iniciativa propia y sin esperar por un proceso lento de compras o adquisición de materiales o equipos. Nosotros teníamos las destrezas técnicas y el acceso a los vehículos para movernos.

28 de enero

Secreto de diario: Un rumor dice que un soldado de la unidad vecina acusó al Coronel Victorious de algo aparentemente grave. Dicen que será relevado de su cargo y enviado de regreso a casa. Se siente extraño perder a nuestro líder en medio de la guerra, como un barco que de repente queda sin capitán. Algunos envidian su salida del desierto, pero para mí, la incertidumbre solo crece.

29-31 de enero

La falta de cartas y noticias de casa aumentó la ansiedad y la sensación de aislamiento. El agotamiento físico y emocional se mezcló con la incertidumbre, dejando al descubierto nuestras vulnerabilidades. La expresión emocional del soldado Hotel durante la formación reflejó lo que muchos sentíamos: miedo, agotamiento y hastío.

Nota del autor: Una de nuestras tareas diarias era quemar la basura y los excrementos de las letrinas. A pesar de ser desagradable, ayudaba a mantener la higiene y prevenir enfermedades. Este acto refleja un poderoso paralelismo con nuestra vida emocional: así como los desechos no pueden quedarse, tampoco debemos permitir que los eventos negativos y las emociones se acumulen en nuestra mente y corazón. Si no los manejamos, pueden contaminar nuestro espíritu y afectar a quienes nos rodean. Quemar esos desechos es como eliminar lo que nos desenfoca y ocuparnos de lo importante, cuidando nuestra higiene mental. Si acumulamos basura en nuestra mente, eso será lo que se refleje en nuestros pensamientos y acciones.

Título: El viaje y la llegada a lo desconocido

Esposa de mi vida:

Esta será mi primera carta desde esta tierra de abundante arena y confío en Dios que te encuentres en perfecta salud y tranquila. Yo estoy bien, gracias a Dios, y espero acostumbrarme pronto a este clima. En cuanto tenga la oportunidad, te llamaré, pues las cartas se demoran alrededor de 7 a 14 días y quiero que sepas que me encuentro bien lo antes posible.

Nuestro viaje ha sido intenso, pero bien organizado. Partimos en la madrugada y, tras varias paradas, incluyendo una ceremonia de despedida en Ceiba y un vuelo largo con escala en New Jersey, llegamos a España, donde pasamos unas pocas horas en un frío aeropuerto antes de continuar hacia Arabia Saudita. Hacía mucho frío y neblina, no me gustaron nada esas pocas horas en la Madre Patria. Así que descartemos nuestra luna de miel en España. Ja, Ja,, estoy bromeando, España es hermosa y definitivamente me gustaría visitarla contigo. En el aeropuerto de Torrejón desayunamos, descansamos un poco, y salimos hacia nuestro destino a las 2:00 a.m.

En el trayecto de España a Arabia Saudita, el piloto nos permitió subir a la cabina y ver la luna llena de frente al avión como si fuera nuestro destino. Es impresionante y hermosa a 35,000 pies de altura, la vi como más grande, seguramente porque estábamos más cerca. Además, al amanecer con los primeros rayos de sol mirando por la ventana pude ver la isla de Chipre, el talón de la bota de Italia y más tarde cuando nos dirigíamos al sur, pude apreciar el contraste entre el verde a las orillas del río Nilo y las ondulaciones de las llanuras desoladas y amarillentas. Disfruté mucho de esta experiencia, me sentí como si fuera parte de la filmación de un documental sobre geografía.

Llegamos a Arabia Saudita a las 9:03 a.m. hora de Puerto Rico (3 de enero). La hora local era las 4:03 p.m., hay 7 horas de diferencia entre ambos países. Aunque parezca raro, cuando llegamos a Arabia la temperatura estaba a 40°F y hacía un viento tremendo que me helaba los huesos y las orejas tan grandes que tengo. Como verás, estuvimos 23 horas viajando.

Cuando llegamos a Arabia, nos estaba esperando una guagua para llevarnos a las barracas. La guagua era árabe con decoración masiva y colores intensos. El chofer claramente era árabe, y tenía música árabe en la radio, seguro el ¨hit parade¨ del momento.

Llegada a lo desconocido

Ya aquí caímos en cuenta de que llegamos a Arabia, no era un cuento de Aladino, era una realidad chocante. Luego fuimos a comer y allí nos encontramos con los muchachos de la unidad Bravo, que están en la misma base militar que nosotros. Todos estaban muy contentos de vernos, seguro éramos los únicos que conocían en Camp Jack, el nombre épico que le pusieron al campamento temporero. Esa noche nadie pudo dormir por el frío horrible que hacía (30ºF con mucho viento. Me acosté a dormir con el uniforme y las botas puestas. Para colmo tuve que ir varias veces a la letrina porque el frío me estimulaba la vejiga. Estos cambios de temperatura me han dado gripe, pero era de esperarse porque el cambio de clima ha sido drástico, impredecible y no estábamos preparados para tanto frío.

Quiero que sepas que te amo y confío poder volver a verte pronto y vivir todos los más bellos momentos que una pareja pueda vivir. Tengo fe que esta experiencia me haga un mejor hombre y ciudadano, y que en el futuro me sirva como fuente de motivación para afrontar situaciones difíciles.

Cambiando el tema, quiero decirte que formamos un gran equipo. Seguramente, de nuestra unión matrimonial nacerán hijos hermosos como la madre y recibiremos muchas bendiciones de Dios, pues del amor puro y genuino esos son los frutos. Recuerda que cuando creemos en nuestros sueños se harán realidad con la bendición de Dios.

Dale saludos a toda tu familia y comunícate con Evelyn, pues a través de ti, espero comunicarme con todos mis seres queridos.

Te ama, tu esposo en un mar de arena

Titulo: Tus cartas son como el viento que me trae tu calor

Amada mía,

Estoy aquí pensando en ti de tal forma que creo poder sentir la frescura de tu piel y el calor de tu cuerpo y regocijarme con el brillo de tu mirada. El deseo de volver a verte es la fuente de energía que me ayuda a seguir adelante. Qué feliz me hace saber que eres mi esposa y poder soñar que te tendré en mis brazos nuevamente y besarte poco a poco hasta que el cansancio me detenga. Cada día te visualizo en mi mente para mantenerme alegre y con ánimo para cumplir con la misión que nos ha tocado. La mente es poderosa, es toda una experiencia multisensorial en tres dimensiones. Diariamente le pido a Dios por nuestro pronto recuerdo y por nuestro amor.

Siempre imaginé lo fantástico que sería amarte, pero jamás pensé que tuviéramos esta prueba tan rápido. La realidad es que todo será para bien y todo es más llevadero y grato porque encontré una mujer con un corazón grande, noble y fértil como el tuyo.

Bueno, mi vida, confío en el Señor que te encuentres en perfecta salud y que todos tus asuntos marchen bien. Recibe cientos de besos y abrazos de tu esposo que te ama a 30,000 kilómetros de distancia y 7 horas de diferencia. Parece mucho pero nuestro amor es capaz de vencer la distancia y los obstáculos. Atesoro las cartas que me enviaste y las releo para animarme. Tus cartas, mi amor, son viento que me trae tu calor.

Te ama,

Tu soldado en la distancia

Titulo: Las palabras, la tinta y el papel no son suficiente

Amada de mi alma,

Cuánto te amo y extraño. Hoy tenía tantos deseos de hablar contigo, pero no pudo ser. Gracias a Dios tuve la oportunidad de conversar con mis suegros y me alegró mucho saber que todos están bien. Me informaron que estabas acompañando a tu amiga Frances en la compra de su traje de bodas y el tuyo de dama. Me alegro mucho, que tengas esa experiencia con una amiga tan especial como ella. Espero que hayas encontrado un traje de tu agrado. Estoy seguro de que la pasaran súper bien y lucirás espectacular como toda una ¨top model¨, por eso eres mi flaca con curvas.

Esposa de mi vida, yo estoy muy bien, gracias a Dios. Aquí estoy trabajando mucho para que el día pase rápido, pues estoy tomando las cosas día a día para no ponerme muy ansioso. El trabajo y las cartas son mi terapia y mi antídoto a todo lo que implique estar triste por lo que estamos viviendo. Nadie tiene culpa, no existen las excusas o las penas, lo que cuenta es el deseo de salir adelante, y creer con Dios por delante.

Tenemos aún tantas cosas por compartir juntos: la boda, la luna de miel (prefiero una luna de ¨whipped cream¨ no es tan espeso y pegajoso), mi graduación, nuestro nidito de amor, nuestros bebés y todos los momentos maravillosos que inventaremos para hacer de nuestro matrimonio una bendición, un tesoro para toda la vida.

Amor de mi vida siento que se me hincha el corazón porque no te alcanzo. Físicamente, hoy eres como una estrella lejana que trae luz a mis noches oscuras. Las palabras, la tinta, el papel no sacian mi deseo de amarte. Mi alegría es tenerte entre mis brazos y decirte te amo, por ser tan mujer, tan bella, tan amorosa y porque eres mi esposa hoy ante Dios y el mundo. ¡Wow!, me inspiraste, espero que te gusten mis palabras desde la inmensidad de un paisaje vacío.

Bueno, esposa mía, cuídate mucho para que cuando llegue te pueda apretar fuerte.

Te ama, tu soldado en tierras áridas

Titulo: Fortaleza en medio del miedo y la tempestad

Mi esposita bella:

Gracias a Dios por permitirme un día más y así poder escribirte esta carta. Aquí estos últimos días han sido tremendos, mucho trabajo y mucha tensión, preocupación y miedo por la posibilidad de recibir cualquier ataque. El lugar que construimos para cumplir nuestra misión, lo conocemos como el Campamento K y está ubicado en medio de un terreno seco y sin vida. Es un lugar importante de logística y ciertamente tiene que ser un blanco obligado para el ejército iraquí. Hoy hemos tenido varias alertas sobre posibles ataques aéreos y de bombas químicas. Son tantas cosas las que hemos vivido que nunca sabré cómo contarlas. Llegó el momento en que deseaba de corazón que todo comience de una vez y por todas. Doy las gracias al Señor por la fortaleza que nos ha dado; sin la fe en Él todo sería insoportable.

Anoche se atacó a Irak y el ataque fue exitoso, pues destruyeron las instalaciones de misiles químicos, de comunicaciones y fábricas de armas. Tengo una confusión de sentimientos: por un lado, alegría porque se eliminó parte del peligro que tenemos, y por el otro, tristeza por todas las personas inocentes que habrán muerto. También sé que en La Isla del Encanto todas las personas que me quieren están sufriendo esta situación. Esta carta te llegará quizás en febrero, pero de todas formas quise escribirte un poco y me anima la certeza de que estas cartas formarán parte de nuestra historia de amor y serán un legado para nuestra descendencia.

Amada mía, todas las oraciones que han hecho por mí me han ayudado mucho porque, gracias a Dios, me siento bien de salud y anímicamente puedo funcionar para hacer el trabajo y seguir adelante. Si el ataque aéreo a Irak continúa con la misma efectividad con que ha comenzado, quizás esté en Puerto Rico antes del 27 de mayo, porque hasta el momento no se ha reportado ninguna muerte a causa de la guerra y la misión de nuestro batallón es procesar los cadáveres de los soldados.

Bueno, mi vida, confía en que Dios nos seguirá bendiciendo con el amor y la fortaleza que necesitamos para cruzar este desierto y sus tormentas.

Te ama, tu soldado en la batalla

Título: Te confundo con el viento y creo que me acaricias

Mi amada en el viento:

Solo tres palabras para comenzar: ¡cómo me gustas! Adoro cada poro de tu cuerpo y cada rasgo de tu personalidad. Mi bella esposa, el solo hecho de escribir tu nombre me emociona, pues todos mis sentidos te reclaman cuando pienso en ti: tu suavidad, tu fragancia, tus palabras de amor, el rojo de tus labios y el brillo de tu mirada enamorada. Te siento tan cerca que **te confundo con el viento y creo que me acaricias.**

Bueno, mi chulería en pote, mi reina, aquí nos la pasamos poniéndonos el equipo "Mopp Suit", la máscara antigases y corriendo hacia los búnkeres (hoyos en la tierra). Esto tenemos que hacerlo para protegernos, cada vez que suena una alarma. Estas alarmas suenan cada vez que Irak lanza un misil (cohete), no importa hacia dónde.

Amada, lo siento, pero tienes competencia. La máscara de protección contra armas químicas se ha convertido en mi mejor compañera en Arabia Saudita. Ella me acaricia la cara, me aprieta fuerte y me deja sin aliento. Todo el día está a mi lado, duerme conmigo, me acompaña hasta en el baño, o sea, me ha visto desnudo. No te pongas celosa pues literalmente no te llega ni a los tobillos, es verde, y aunque la limpie apesta por todas las sudadas que le he dado. Tengo que amarla pues sin ella sería un soldado sin escudo.

Por favor no me envíes paquetes por el momento, porque no los están dejando llegar por razones de seguridad. De todas formas, ten el paquete preparado por si esto cambia. ¿Sabes? De aquí no salen cartas diariamente, así que es posible que te lleguen tarde y en bloque.

Felicidades, mi vida, por nuestro primer mes de casados. ¿Qué te ha parecido? ¿Cómo te gusta? Mi propósito seguirá siendo el mismo: amarte y hacerte feliz con los recursos con que cuento.

Te ama tu soldado enamorado en el desierto,

Título: Eres mi fortaleza, junto con Dios y nuestra familia

Mi amor eterno:

Desafortunadamente, (¡qué palabra tan larga!) aún no he recibido cartas de mi gente amada de Puerto Rico. En verdad, nadie en la compañía ha recibido cartas. Estoy deseoso de recibir una carta tuya. Aunque la distancia nos separa, siento que nuestros corazones laten sincronizados.

El clima en Arabia Saudita es impredecible, y la guerra añade tensión, pero pienso en ti para mantener la esperanza viva. **Eres mi fortaleza, junto con Dios y nuestra familia**. Aquí, el trabajo es intenso y el ambiente, hostil, pero a pesar del agotamiento, me aferro a la idea de volver a casa y estar a tu lado. Me consuela pensar que esto nos hará más fuertes.

Cada día pienso en ti, en tus oraciones, tus expresiones de amor y apoyo. Te imagino rezando con tu abuelita y se me eriza la piel de gratitud porque me hacen sentir amado. La guerra es dura y absurda. Es una experiencia que no deseo repetir y que resalta la falta de conexión humana. Reflexiono mucho en los soldados de otras guerras y siento mucho respeto y admiración. Nosotros damos apoyo logístico, no estamos en el frente de batalla y aun así es traumático, extenuante y hay riesgos por doquier.

Aunque las condiciones aquí son difíciles, sueño con el día en que estemos juntos. He hecho gestiones para que recibas $300 al mes, y juntos ahorraremos para nuestro futuro.

Sé que estas cartas son un reflejo de nuestra unión, de un amor sincero que resistirá cualquier obstáculo. Estoy seguro de que todo esto pasará y podremos construir nuestra vida juntos, rodeados de todo lo bueno que Dios tiene preparado para nosotros.

Ja, Ja, tengo una brillante idea o inspiración en el desierto, cuando tengamos un perrito, lo llamaremos Búnker en honor a los búnkeres que tanto esfuerzo nos ha costado construir.

Con todo mi amor, tu esposo fortalecido

C. FEBRERO: **DIARIO, IMÁGENES Y CARTAS**

1 de febrero

El coronel Victorious fue reemplazado por el coronel Victorious 2. Fue impactante escuchar su emotivo mensaje de despedida. Este episodio me recordó que las circunstancias pueden cambiar en cualquier momento y que la guerra deja cicatrices visibles e invisibles. Todos, sin excepción, somos vulnerables a sus efectos. Tal vez este evento sea una bendición disfrazada de adversidad. Solo el tiempo lo dirá.

2 de febrero

Tuve guardia con un soldado de otra unidad, alguien que inicialmente no me inspiraba confianza. Sin embargo, conversar sobre el baloncesto, deporte favorito de ambos, rompió la barrera entre nosotros.

3 de febrero

Hoy fue mi día libre, pero el cansancio persiste. Reflexioné sobre la importancia de mantener la unión en el equipo y aproveché para compartir con mis compañeros y escribir cartas.

4-6 de febrero

Días difíciles de trabajo físico y mental. El silencio del correo me pesaba y aumentaba la ansiedad. En las noches oraba por fortaleza, pidiendo a Dios que nos mantuviera unidos y protegidos.

7 de febrero

En la madrugada ocurrió un evento que alertó a todo el batallón. Escuchamos disparos y todos salimos nerviosos a ver qué ocurría. Un vehículo se detuvo a unos 100 metros del puesto de guardia. Mis compañeros le pidieron que apagaran las luces y se identificaran. Al no recibir respuesta, dispararon al aire. Luego de los disparos, el conductor bajó del vehículo gritando y pidiendo que no disparen. Era un soldado de nuestro ejército, perdido y asustado. Se le brindó ayuda.

8 de febrero

Un día extraordinario: recibí las primeras cartas de Barby desde que llegué al Campamento K. (Cartas 15 y 16) Sus palabras me llenaron de amor y esperanza. Por primera vez en semanas, sentí que el aislamiento no era absoluto.

9 de febrero

Recibí una vacuna contra agentes biológicos, lo que me generó preocupación. Aunque es parte del deber, no deja de inquietarme. Llamé a mi familia; escuchar sus voces me llenó de calidez y fortaleza.

Nota del autor: Comunidades en todo Estados Unidos y Puerto Rico, se movilizaron para brindar apoyo a los soldados desplegados en el Medio Oriente. Iniciativas como la campaña **"Adopta un Soldado"** permitieron a ciudadanos enviar cartas, paquetes y mensajes de aliento a los militares en servicio, manteniendo el vínculo con el hogar y fortaleciendo su moral. Estas campañas reflejaron la solidaridad y el compromiso de la sociedad civil con sus fuerzas armadas durante un período de guerra. La oficina de correos, la Cruz Roja, y WAPA Televisión entre otras colaboraron en esta campaña.

10 de febrero

Asistí a misa y encontré consuelo en una lectura de San Pablo a los Romanos. Me recordó que la fe es mi refugio en medio de la incertidumbre. Las cartas de Barby iluminaron mi día. (Cartas 17 y 18)

Nota del autor: Durante la guerra, encontraba fortaleza en las lecturas de la Biblia. Una de mis favoritas es la Carta de San Pablo a los Romanos (Romanos 8, 38-39):

"Porque estoy convencido de que ni la muerte, ni la vida, ni ángeles, ni principados, ni lo presente, ni lo por venir, ni los poderes, ni lo alto, ni lo profundo, ni ninguna otra cosa creada podrá separarnos del amor de Dios manifestado en Cristo Jesús Señor nuestro."

Este pasaje me recuerda que el amor de Dios es inquebrantable y siempre presente, incluso en las situaciones más difíciles. Durante el conflicto, las cartas de mis seres queridos reflejaban ese amor divino, ofreciendo consuelo y paz en medio del caos. Este mensaje de San Pablo reafirma que el amor y la fe prevalecen sobre cualquier adversidad.

11 de febrero

Hablé con Barby, y sus palabras fueron un bálsamo para mi espíritu. En el campamento, una criatura extraña mantuvo ocupados y creativos a mis compañeros. La describían como una rata canguro. Aunque parezca insignificante, estas distracciones ayudan a aligerar el ambiente.

Nota del autor: BEN, la rata canguro, se convirtió en un símbolo de humor y creatividad en medio del desierto. Al principio, pensé que era una broma, pero pronto descubrí que nuestro visitante era real: un gerbo del desierto, un pequeño roedor con patas traseras largas y una cola con mechón, similar a un canguro en miniatura.

Dibujé un boceto de BEN para ofrecer una recompensa por capturarlo, lo que generó más risas que resultados. Al comparar mi dibujo con fotos de un gerbo real, me sorprendió la similitud. BEN, con sus inesperadas visitas en busca de comida, nos dejó anécdotas inolvidables y una historia divertida en medio de la tensión de la guerra, desapareciendo tan misteriosamente como llegó.

Boceto de invasor nocturno   Foto de un gerbo de desierto

Nota del autor: En febrero comenzaron a llegar las cartas, y en las notas de mi diario menciono las cartas que recibí y las que escribí. Sin embargo, por limitaciones de espacio, este libro incluye solo una selección de 71 cartas de una colección de 158. De las 71 cartas 36 son de mi esposa y 35 son mías. Para reconocer, a todos los que me escribieron, al final del capítulo 4, incluyo fragmentos de algunas de las cartas que recibí de familiares, amigos y desconocidos.

Para mantener la línea narrativa he colocado las cartas en orden cronológico de acuerdo en la fecha en que fueron escritas. En enero no recibimos cartas, pero las cartas escritas en enero las presento en febrero.

3.9 Con el Sargento Zulu mostrando el primer paquete recibido

3.10 Orgulloso mostrando las cartas recibidas

12 de febrero

Recibí cartas de mi esposa y mi hermana, las cuales atesoré. Decidí leer una y guardar otra para el día siguiente, extendiendo la felicidad. Estas cartas me recuerdan que, aunque estoy lejos, nunca estoy solo.

13 de febrero

Una carta de la abuela de mi esposa me inspiró profundamente. Su ternura y sabiduría me hicieron reflexionar sobre la importancia de la familia en estos momentos. También escribí para agradecerle sus palabras.

14 de febrero

Celebré San Valentín leyendo cartas llenas de amor de mi esposa. Sus palabras me recordaron el pacto que hicimos el día que partí. A pesar de la distancia, el amor sigue siendo mi mayor fortaleza.

Secreto de diario: Esta mañana, el ataque fue intenso. En medio del caos, surgieron rumores sobre un compañero que, como un épico Don Juan bajo la noche estrellada, pasaba tiempo con una dama de otra compañía en una tienda de campaña, liberando tensiones y celebrando el Día de San Valentín en el desierto.

15-16 de febrero

Recibí múltiples cartas de seres queridos, incluyendo una de una campaña de apoyo a soldados. Hussein anunció una retirada con condiciones inaceptables, lo que mantiene la tensión en el campamento. Me consuelo en las cartas de Barby, familia, amigos y desconocidos que me alientan.

17-18 de febrero

Procesamos cadáveres víctimas de "friendly fire". Esta experiencia, aunque traumática, reafirmó la importancia de nuestro trabajo. Me daba ánimo pensar que a pesar del dolor que implica perder a un ser querido, lo que hacíamos ayudaba a sus familias a recibir sus cuerpos con dignidad. Regularmente, oraba por sus almas y por fortaleza para sus familias y para que nosotros también pudiéramos seguir adelante.

Diccionario: *"friendly fire"* (fuego amigo) se refiere a los disparos o ataques inadvertidos dirigidos hacia fuerzas o personal aliado, en lugar de hacia el enemigo. Esto ocurre por errores en la identificación de los objetivos, falta de comunicación, o problemas de coordinación. El término se aplica a cualquier tipo de fuego —como artillería, misiles, armas pequeñas o bombardeos aéreos— que causa daño a las propias tropas o aliados por accidente, y es una de las principales preocupaciones en el combate para evitar bajas innecesarias.

19-21 de febrero

Los ataques de misiles siguen siendo aterradores, especialmente cuando procesamos cuerpos desmembrados de soldados. Recibí cartas que me reconfortaron en medio del horror. La fe y el amor siguen siendo pilares que me mantienen en pie.

Nota del autor: El manejo de cadáveres mutilados y desmembrados fue uno de los eventos más traumáticos que experimenté durante la guerra. Debido a la escasez de personal, me asignaron la tarea de transportar los cuerpos en bolsas de plástico y ayudar a los especialistas. Aunque traté de hacerlo con el mayor respeto posible, el contacto directo con los cuerpos de soldados, hombres y mujeres me afectó emocionalmente.

La mayoría de los cuerpos pertenecían a personas entre 20 y 30 años. La imagen de la carne quemada y el olor de la carne humana en proceso de descomposición son imposibles de olvidar. Este recuerdo sensorial y emocional ha estado conmigo desde entonces, regresando sin avisar.

Las cartas fueron mi refugio y fuente de fortaleza para cambiar mis pensamientos. A lo largo de los años, he luchado con este trauma, y ha sido una batalla constante. Lo que me ayuda a manejarlo es sentir que ayudé a recuperar y devolver los cuerpos de los soldados a sus familias con el mayor respeto a su dignidad humana.

22-25 de febrero

El ataque terrestre comenzó, y las noticias de rendiciones masivas de soldados iraquíes trajeron esperanza. Recibí cartas y paquetes que me conectaron con casa. Hoy nos azotó una tremenda tormenta de arena. El coronel Victorious 2 nos dijo que habría tormenta y comenzó 30 minutos después. No se podía ver nada que estuviera a más de 3 metros de distancia. No podía ver ni a mi compañero que estaba a mi lado. No sabía qué hacer, solo me cubrí los ojos y me puse de espaldas al viento. Sentía granos de arena en mis ojos. Volvimos poco a poco a la caseta.

26 de febrero

Hussein anunció la retirada de Irak de Kuwait, pero declaró que el territorio pertenece a Irak. A pesar del mal clima, los Aliados avanzaron, destruyendo 1000 tanques iraquíes y capturando 30,000 prisioneros. La resistencia más fuerte se dió en el aeropuerto de Kuwait.

27 de febrero

Aunque las batallas continuaban, la bandera de Kuwait fue izada tras 7 meses de ocupación. Llegaron 12 cadáveres al campamento e inmediatamente los llevamos al DOMO para el proceso correspondiente. Hussein no se ha rendido oficialmente. Recibí una carta conmovedora de mi esposa.

> **Diccionario:** Un DOMO es una estructura provisional en forma de medio cilindro que estaba cubierta con aislación térmica ("foam") para utilizarse como una "nevera" donde se realizan los procesos de manejo, identificación y conservación de cadáveres. Teníamos uno para el proceso y otro para almacenar los ataúdes.

28 de febrero

Kuwait fue liberado oficialmente y se declaró un cese al fuego. El día fue marcado por el frío, la lluvia y la llegada de más cadáveres, algunos difíciles de identificar. Participé en el manejo de cuerpos, prueba evidente del alto costo humano de la guerra. Seguiremos aquí al menos un mes más. Recibí dos cartas románticas de mi esposa y le respondí, buscando alivio en medio de las dificultades.

3.11 Vista de una tormenta de arena acercándose al campamento

3.12 Vista de los domos del Campamento K

Nota del autor: Noté que, en las cartas y llamadas telefónicas, las personas se expresan de manera abierta, sincera y genuina conmigo. Esto se debe a la conciencia del peligro constante y la posibilidad de muerte, lo que las hace decir cosas que en condiciones normales no dirían. Es como si pensaran: "Si esta fuera la última carta, ¿qué debo comunicar?". Mi esposa, en una de sus cartas, escribió: "Tú sabes que yo no soy de mucho hablar en relación con estas cosas, pero mi puño y mi letra dicen más que mil palabras que salgan por mi boca". Todas las cartas que recibí reflejan el Efecto de la Última Carta: ¿Qué le diría si esta fuera mi última oportunidad de comunicarme con él?

Título: En espera de vivir la alegría de recibir tus cartas.

Querida esposa,

Mi corazón palpita emocionado en espera de vivir la alegría de recibir tus cartas. Gracias a Dios, esta mañana te llamé, y escuchar tu voz me llenó de felicidad. No importa qué tan lejos estemos, siempre eres mi felicidad.

Hoy me atreví a cambiar un poco mi apariencia. Me afeité el bigote y me corté el cabello al ras, dejando solo una fina sombra sobre mi cuero cabelludo, como si buscara aligerar el peso de mis pensamientos. Si me vieras, te reirías. Parece que el frío del desierto me afectó porque estoy pálido.

Nuestro amor es fértil y crece fuerte incluso en la distancia. Cada día descubro nuevas facetas de mí mismo gracias a ti; has despertado al poeta, al soñador y al guerrero que llevo dentro.

Te sueño a mi lado en cada momento: bailando juntos, caminando por la playa, jugando con nuestros futuros hijos. Te sueño cuando necesito fuerza, cuando el cansancio me vence, y cuando la pasión susurra tu nombre en medio de la noche. Amo llamarte mi esposa, suena tan natural, como si siempre hubiera sido así.

Nuestra relación ha sido bendecida, y aunque aún tenemos muchas experiencias por vivir como pareja, no tengo dudas de que todo marchará bien. Cada día que pasa nos acercamos más al reencuentro, y no puedo esperar para vivir esos momentos simples, solo tú y yo, lejos de la guerra.

Cariño mío, me encantaría que compremos una computadora para nuestro crecimiento profesional. Ya la escogí y escribí a la compañía de manera que en abril la manden a buscar. ¿Qué te parece la idea? ¿Estás de acuerdo? Son $1,500. Dios permita que nos salga buena y nos ayude a alcanzar nuestras metas.

Te ama, tu esposo en la espera

Carta No. 15 — **10 de enero de 1991 – Recibida en febrero**

Título: Luego de tu partida vivo de la ilusión de volverte a ver

Mi vida,

Aunque no he recibido la cartita tuya, te voy a escribir poco a poco para cuando tenga tu dirección enviarte una casi todos los días. Yo sigo confiando plenamente en Dios y sé que Él te está cuidando y seguirá protegiéndote. Gracias a Dios, por acá estamos bien. Vivo de la ilusión de volverte a ver, me da paz el amor que siento por ti. Ya hace días que te fuiste, gracias a Dios estoy tranquila. Me acuerdo de que tú me decías que ibas a estar tranquilo si yo estaba tranquila, que yo era parte de tu futuro. Esas palabras me ayudan mucho.

Cuando el batallón salió el martes en la noche, vi los noticieros, y en todos había reportajes. Además, saliste tú en primera plana. Te vi hasta arreglándote el cabello para que te vieras guapo. Después te vi en el periódico saliste gritando, relajado y animado, aunque no sé lo que sentías en tu corazón. Cuando me llamaste aquí eran las 12:00 de la madrugada. Adivina qué, en la mañana tuve un sueño parecido al que tú tuviste hace un tiempo. Me levanté asustada y entonces recordé que me habías llamado. Me volvió el color a la cara y el corazón me volvió a latir. El domingo en la mañana volví a soñar que tú estabas durmiendo y despertaste. Me acerqué a ti y me miraste con ternura.

Cuando mi mente descansa por un momento durante el agite del día, llegas a mi pensamiento. Más que tu recuerdo, es como una fortaleza de saber que vas a estar bien. La paz que tengo a veces me inquieta, me pongo a orar para que Dios te dé paz mental a ti también. Transmitiste mi pensamiento de que te quiero mucho, como si estuvieras aquí, casi estábamos conectados.

Yo deseo seguir haciéndote feliz, que no pase por ti desapercibido. Confía en mí, yo soy la misma, donde quiera que me paro y a cualquier hora del día. Yo deseo animarte con mis cartas, pues mi vida y tu vida están en las manos de Dios y Él cuida de nosotros. Continuaremos con la fuerza del Espíritu Santo dándole realidad a nuestra meta. Sé que parte de mi historia es amarte, cuidarte, vivir por ti, esperar teniendo la esperanza de no caer en la desesperación, y amarte según la capacidad que el amor de Dios me provea para amarte para siempre.

Tu esposa, que te ama y espera,

Carta No. 16 — 19 de enero de 1991 – Recibida en febrero

Título: Mis cartas dicen más que mil palabras habladas

Hola Bebe:

Que la paz de Dios esté contigo y tus compañeros. Siempre me es un poco difícil hacer una carta. Pero si me empeño a escribir como si tuviera una conversación de persona a persona, todo me es más fácil. En muchas ocasiones la mente va más rápido que la pluma. Por eso a veces ni yo misma entiendo lo que escribo. Espero que te hayas acostumbrado a mi letra y lo entiendas todo.

Ayer viernes 18, a las 11:35, recibí tu tercera llamada, la cual esperaba como en la ocasión anterior. Yo estaba orando y tenía tu retrato pegado a mi pecho; es lo que me da alivio cuando se intranquiliza mi corazón. Trato de rezar el rosario, aunque no sé si lo hago muy bien. En eso me quedé dormida, cuando sonó el teléfono, algo me dijo "Es mi esposo". Solo esperé oír a alguien hablando inglés y luego a ti. Fue una gran alegría, y volví a entender que Jesucristo no nos abandona. Que Dios continúe cuidando nuestra relación. Yo desperté a todo el mundo aquí para decir que habías llamado. Mi madre no lo creía.

Temprano en la mañana del sábado llamé a tu casa y hablé con tu mamá. Le di la sorpresa de tu llamada, ella está bien gracias a Dios. Me dijo que te había llegado un libro grande; me imagino que es el que estás esperando. Quizás el próximo fin de semana voy allá a buscarlo. Luego fui a comprar tus cositas. Yo me siento muy contenta cuidándote desde lejos y enviando paquetes con cositas.

Te envío, las cositas que pediste. Lo que se me olvidó fue el jugo en polvo, pero Evelyn te lo va a enviar. Tu hermana siempre está pensando en ti. Entre todos acá nos damos aliento y esperanza, sabemos que con el favor de Dios todo va a salir bien.

Luego que compré los encargos, fui a Plaza Las Américas donde hay una oficina para enviar paquetes al Golfo Pérsico. Allí me atendieron muy bien. Todos cariñosos, orientándome. Janet fue conmigo. Un señor nos ayudó a

poner todo en la caja. Nos dijo que siguiéramos escribiendo. Yo le dije que nos veríamos pronto.

Allí en ese lugar había direcciones de soldados pidiendo que les escribieran. Me llamó mucho la atención uno que decía en el papel "escríbele, le hace mucha falta". Pensé en ti y yo no sé cómo más decírtelo, pero te escribiré y en cada carta te diré que te amo hasta que llegues. En las buenas y en las malas yo quiero estar contigo, yo soy tu esposa y Dios me puso a tu lado para amarte, ser tu apoyo, tu compañera. Que, si en algún momento sientes soledad, no sea completa. Porque hacia donde dirijas tu pensamiento o tu mirada, voy a estar yo. No detrás de ti, ni al frente. Voy a estar a tu lado y amarte hasta donde nos lleve el destino. Lucharé siempre contigo.

Esto que te escribo no es por escribirte algo. Tú sabes que yo no soy de mucho hablar en relación con estas cosas, pero mis cartas a puño y letra dicen más que mil palabras que salgan por mi boca, porque en el papel dejo que mi alma hable sin reservas. Yo quiero hacerte feliz, mantenerme tranquila, contenta, saludable y en forma para cuando tú llegues, estar juntos por siempre.

Bueno, ya es como la 1:00 de la madrugada. Mañana tengo que levantarme temprano. Quiero descansar un poco para la semana de trabajo fuerte que me espera.

Cuídate mucho. Recuerda, te amo siempre, cada minuto un montón más.

Tu esposita, que te ama incondicionalmente

Carta No. 17　　04 de febrero de 1991

Título: Planes de boda y esperanza para nuestro futuro

Querido esposo:

Hoy, por fin, recibí una de tus cartas. Papi me hizo una de las suyas con una travesura. Llegué a casa a las 7:00 p.m., y, como toda la semana pasada estuve pendiente de tus cartas, hoy decidió sorprenderme. Me metí a bañar, y al salir, me dijo: "Bebe, te traje una revista para que veas modelos de trajes de novia", y al ojearla, me encontré con tu carta dentro de la revista. Le di un abrazo; fue hermoso recibir noticias tuyas. Me alegra saber que estás bien. (Por cierto, me encantó el nombre "Bunker" que sugieres para el perrito que tendremos).

Sobre la boda, llamé para verificar los papeles de bautizo y confirmación. Este sábado hablaré con el sacerdote para obtener una carta que me permita tomar las clases de confirmación en San Lucas. Si todo sigue bien, los papeles deberían estar listos para mayo o junio. Estoy planificando la fecha entre el 31 de mayo y el 3 de junio, así que con un poco de suerte todo saldrá como esperamos.

Ya comencé a gestionar los documentos que necesitamos. Gracias a Dios, todo ha salido bien hasta ahora y confío en que seguirá igual. Sobre el apartamento, sigo revisando los anuncios. No soy muy exigente; lo importante es que tengamos lo básico para comenzar.

Hablé también con mi jefe para coordinar las vacaciones. Él ha sido muy comprensivo y no habrá problema en tomar unos días en julio, justo cuando él se va. No te preocupes, amor, todo va muy bien. Si no es en una fecha, será en otra. Lo más importante es que al regresar estés tranquilo.

Deseo hacerte feliz, cuidarte y mimarte. Cuando llegues, quiero que estés tranquilo y que descanses. Luego de la boda, nos iremos de luna de miel a un sitio tranquilo, donde podamos expresarnos todo nuestro amor.

Te ama, tu flaca 😊

Carta No. 18 | 05 de febrero de 1991

Título: Recuerdos y suspiros de un momento inolvidable

Mi amor, mi vida, mi ilusión:

Confío que te guste lo que te escribo, porque cuando lo hago es como tenerte cerca, hablándote al oído. Estas palabras son tuyas, tú las inspiras y solo te las puedo decir a ti. Suspiro por verte, besarte y tocarte.

Aunque si me vieras ahora, solo podrías darme besos de piquito. Fui al ortodoncista y me puso cuatro gomas que me aprietan mucho los "bracers" de arriba y abajo. Casi no puedo abrir la boca para hablar, imagínate besarme. Me daría gracia si me vieras. Me duele un poco, pero me voy acostumbrando. Ahora se me hace más difícil comer y luego cepillarse los dientes, las gomas y los alambres. Todo esto es para estar más bonita y regalarte muchas sonrisas.

Me entretengo viendo trajes de novia, y me dijo un pajarito que te gustaría uno de esos modelos ajustados, como me comentaste una vez.

Cuando llegué de trabajar, vi una película de un muchacho enamorando a la chica que le gustaba. Me recordó cuando me acompañabas al estacionamiento después de clases, siempre con un piropo para mí. Aunque no te hacía caso, me daba cuenta. Me acuerdo de tus llamadas, siempre diciendo algo bonito, tan pícaro y creativo, y eso me encanta de ti.

Recuerdo cuando fuimos al cine y luego al Viejo San Juan. Había tanta gente que, para no perderte, te tomé de la mano, aunque asustada. Más adelante, me diste un dulce y apasionado beso que llenó mi ser. Fue una hermosa e inolvidable sorpresa, con las murallas del Viejo San Juan como testigo.

Ahora eres mi esposo adorado, y a veces pienso si podría pecar por amarte tanto. Bueno, ya voy a dormir. Espero soñar contigo. Que Dios te bendiga y te cuide.

Te ama tu esposita, que suspira cada recuerdo.

Título: Como si esta fuera la última carta

Reina de mi corazón:

Besos y abrazos con ternura y pasión, sin prisa, convirtiendo el momento en fugaz eternidad. Tu corazón latiendo fuerte y el mío desenfrenadamente, pero todo poco a poco, rindiendo el momento, bailando la vida al compás de la pasión y el amor verdadero. Te amo y estás en cada uno de mis sueños. Vives en mis fantasías de paz y felicidad.

Esposa mía, llenas por completo mi corazón y mi mente, pero hay un vacío entre mis brazos, un espacio que también pertenece a ti. Trato de engañarme a mí mismo abrazando la almohada, hablándole al oído de algodón y llamándola por tu nombre. Mi bella esposa, qué bueno que te tengo y somos uno ante Dios, que estamos seguros de nuestro amor y de la responsabilidad que conlleva el amar de verdad. Te amo y no me canso de decírtelo. Esta franqueza en la expresión de los sentimientos te la envío en pensamiento, en cada carta, en cada llamada, en cada oración con Dios. Todo mi esfuerzo de traerte cerca no es suficiente, aún siento que es poco, que te necesito a mi lado para mimarte y acariciarte toda. Necesito vaciar el corazón completo como si no hubiera mañana **como si esta fuera la última carta.**

Mi amor, es tu esposo quien te ama. Estoy bien, aquí junto a ti, soy como el viento entre las letras, que llega donde quiere con fuerza. Es tanto el deseo por verte que me emociona saber que tocarás esta carta que toco yo en este momento.

Amada, me despido hasta la próxima, que será pronto. De la misma forma en que comencé, con besos y abrazos de nuestra fugaz eternidad.

Te ama, tu soldado apasionado

Carta No. 20 — 09 de febrero de 1991

Título: La llamada perdida y la buena noticia

Mi amado esposo:

Si tú supieras cómo me siento cada vez que me llamas y no estoy o pasa algo que no podemos hablar. Esta mañana, cuando sonó el teléfono, yo estaba aquí. Me estaba preparando y, de momento, oigo un teléfono, pero a la vez era algo confuso, porque el teléfono que sonaba no era el que está en la sala. Confundida y ansiosa yo miraba a mis padres, y les preguntaba, ¿Cuál es el teléfono que suena? Entonces me dijeron que parecía ser el teléfono de la vecina. Como no dejaba de sonar, comencé a buscar de donde provenía el sonido y cuando abrí la puerta para salir, me di cuenta de que el teléfono que sonaba era el que está en la cocina de atrás. Fui corriendo desesperada, casi me tropiezo con unas cajas y cuando puse la mano sobre el teléfono, dejó de timbrar. Tengo el presentimiento en mi corazón que la llamada era tuya. ¡Qué le vamos a hacer, si no fue hoy, será las veces que puedas!. Gracias a Dios, ya se arregló el problema y cuando entra una llamada suenan todos los teléfonos a la vez.

Tengo buenas noticias. Luego de la llamada perdida fui donde el sacerdote de la Gruta de Lourdes. Le expliqué nuestra situación y me dio permiso para confirmarme el 5 de marzo. Además, me dijo que no habría problemas con el casamiento. Específicamente, me dijo que, si no podíamos coger las clases de noviazgo, no sería un problema, porque él celebraría nuestra boda sin ese requisito. Lo importante es tener los papeles listos con el sacerdote de Trujillo Alto y eso sería todo. No quiero que te preocupes, todo se hará como tú deseas. Debemos tener fe en Dios y todo saldrá bien.

Yo te amo y seguiré amándote toda la vida. Sé que Dios nos dará muchas bendiciones para nuestras vidas juntos y por eso tengo mucha alegría y esperanza. La prioridad ahora es que tu estés bien y regreses pronto. Cuídate mucho, te extraño, te amo y estoy loca por ti.

Tu esposa, loca de amor

Titulo: En la víspera del día de San Valentín

Esposa mía:

Mañana es el Día de San Valentín, y aunque no podré llamarte, quiero que esta carta te haga sentir lo mucho que te amo. Recibí dos cartas tuyas, y cada una de ellas me llenó de alegría. También recibí una carta especial de tu abuelita. Leer sus palabras me conmovió profundamente. Me habló con tanto cariño, como si me estuviera abrazando a través del papel. También me escribieron tus sobrinitas Sheila y Melody, me las imaginaba escribiéndome la carta y planeando alguna travesura, me dijeron que me quieren como parte de la familia. Me siento muy afortunado de ser parte de una familia que me recibe con tanto amor.

Tu abuela me dijo lo orgullosa que está de ti y lo feliz que se siente de que seas mi esposa. Siento que nuestras familias se han unido más, y eso me da una paz inmensa. No solo me has dado tu amor, sino también el cariño de todos los que te rodean, y por eso me siento verdaderamente bendecido.

Me emociona conocer sobre el progreso del embarazo de mi hermana. Pronto seremos tíos, y compartiremos juntos muchos momentos felices con nuestra familia.

Aquí, los días siguen tranquilos. Me ocupo haciendo rótulos y dibujando, lo que me ayuda a mantener la mente ocupada. Aunque las tareas son duras, me anima pensar que todo esto me hace más fuerte. Gracias a Dios, cada día más es un día menos para nuestro reencuentro.

Mi amor, sé que el futuro nos traerá grandes cosas. Volveremos a casarnos, tendremos nuestro hogar y viviremos todos esos sueños que hoy parecen lejanos. Mientras tanto, me aferro a nuestra fe y al amor que nos une.

Te ama, tu esposo flechado

Carta No. 22 — 14 de febrero de 1991

Título: San Valentín a la distancia: Unidos por el corazón

Mi adorado esposo,

A veces me asusta pensar que no es normal amarte tanto, pensar tanto en ti y sentir que te amo más que a nadie en mi vida. Es como un miedo a lo nuevo y desconocido que es amar de esta manera. Trato de comprenderlo y disfrutarlo, porque tú eres un regalo de Dios para que conozca el amor y me enseñes a amar como Jesús nos amó.

¡Feliz Día de San Valentín! Hoy he estado un poquito sensible y mi mente siempre vuelve a ti. Recibí dos cartas tuyas, un bálsamo para mi corazón. Espero que pronto recibas las nuestras. Me alegra que me hables de las finanzas y cómo controlas tus gastos. Yo también estoy ahorrando, y seguiremos con nuestro plan con Dios por delante.

Me sorprende tanto leer tus cartas, porque pensamos igual. Tú me sientes cerca, yo también; sientes mi amor en el viento, yo también. A veces quisiera gritar "TE AMO" para que lo escuches allá en Arabia, porque no cabe dentro de mi pecho y solo puedo expresarlo en estas cartas.

Llamo a tu familia cada semana, porque todo lo que amas, yo lo amo. Los vecinos te mandan saludos, igual que mis abuelos y tus suegros. Todos te quieren y desean lo mejor.

He estado trabajando y los fines de semana, desde que te fuiste, solo he ido al cine con tu hermana. Los sábados hago diligencias, descanso un poco, voy a la iglesia y siempre me mantengo ocupada pensando en ti.

¿Qué más te digo? Estoy totalmente enamorada y apasionada de ti, mi muñeco de chocolate sabroso. Quiero mantener esa chispa de amor y pedir a Dios que nuestro amor crezca para compartirlo con nuestros hijos. Quiero seguir siendo yo misma contigo, sin reservas, defendiendo nuestro amor.

Te adora tu esposa

Titulo: Energía enamorada: La llama que no se apaga

A mi Amada Esposa:

Amor, aquí estoy con el deseo de desbordar mi amor por ti. Te pienso, te sueño, te deseo, te hablo, te abrazo sin tocarte, y esta energía enamorada grita tu presencia. Cada letra y palabra dedicada a ti es lo único que parece saciar a este corazón enamorado. Me aprieta el pecho, me humedece la mirada, me hace llamarte sin voz y pintarte sin pinceles. Esta energía enamorada es un suspiro al viento, un reflejo del abrazo que imagino.

Mi vida, cuídate mucho. Cada vez que lo hagas es mi regalo más grande. Quiero amarte totalmente, quiero tenerte toda, muchas veces y por muchos años. Te necesito a mi lado para vivir la vida amando, sirviendo, bailando, riendo, creando y trabajando en paz. Tú eres la mujer que escogí para compartir mis días y noches, la que me hará padre, secará mis lágrimas, me acompañará a explorar, y luchará a mi lado para edificar una familia llena de paz, fe, amor y esperanza.

Hoy estoy en la guerra, pero cuando te recuerdo, la guerra no está en mí. Me siento afortunado por las bendiciones que Dios me da y falta por darme. Mi vida, estaremos juntos celebrando nuestro amor con más intensidad que nunca. Te daré un abrazo tan fuerte que seremos uno, hasta que el cansancio nos abrace. ¡Qué falta me haces! Quisiera bailar contigo la danza del amor, recorrer tu cuerpo, perderme en tus curvas, besar tus labios y contemplarte de norte a sur, este a oeste, hasta que mi sangre hierva y mi amor se desborde. Te amo como a nadie, y solo contigo he encontrado el significado del amor pleno. Mi mente, cuerpo y corazón se estremecen cuando te tengo delante de mí, y cuando estamos lejos.

Eres todo para mí. Qué feliz me hace saber que eres mi esposa y que el amor es mutuo. Por eso, quise convertir esta carta en una canción, testimonio de que luchamos juntos con alma y corazón. Alma mía, cuídate mucho, porque tenemos una cita fascinante para seguir hilvanando nuestra historia de amor.

Te ama, tu esposo apasionado

Carta No. 24 — 22 de enero de 1991 – Recibida en febrero

Titulo: No quiero que notes tristeza en mis palabras

Mi querido amor,

Hoy no encontraba cómo empezar a escribirte. No quiero que notes tristeza en mis palabras, pero luego me doy cuenta de que tengo tanto que contarte. No puedo dejar de escribirte, de esa forma te siento cerca y mantenemos contacto. ¿Sabes? Con todo este revolú se me había olvidado decirte felicidades, el 21 de enero cumplimos un mes de casados. Ya no es el día 14 que nos hicimos novios, es un mes de ser tu esposa. No importa cuánto tiempo, lo importante es que soy tu esposa y porque te atrapé, aunque insistes que fue al revés.

Esta semana ha sido tranquila a pesar de todo el trabajo. Creo que estoy aprendiendo, gracias a mi compañera Maritza. Ella y yo hacemos buen equipo, aunque a veces discutimos. No sé si te había contado que nos cambiaron el jefe. Gracias a Dios sabe sobre nuestro trabajo y es de gran ayuda.

Yo me la paso pensando en qué estás haciendo. Estoy pendiente a la hora que duermes, si es que duermes, y a la hora que te levantas. Trato de poner mi pensamiento contigo. Cuando mi corazón late fuerte o siento alguna inquietud, me gusta pensar que todo proviene de ti y que nuestras almas están conectadas.

El paquete que te envié te durará poco. Por favor me confirmas que fue de tu agrado. De todas formas, ya mismo te envío otras cositas. Yo quiero siempre cuidarte. Ah, se me olvidaba decirte, ya he visto un modelo del traje de novia, creo que te gustará, me queda pegadito.

Amor mío, ya me despido. Cuídate mucho, sigue orando, Jesús nunca te abandona. Te amo, te extraño, no te olvido, te necesito, te quiero, no puedo vivir sin ti. Acá todos te mandan muchos saludos.

El jueves, mis padres viajan a Orlando, Florida, a la casa de mi tía Carmen. Ahora me acompañarán tu recuerdo y mis abuelos. Vuelve pronto, cuídate mucho, ten valor y confía en Dios.

Te Ama, tu esposita que te extraña con impaciencia

Título: Tú decoras mi vida con tu belleza y tu dulzura

Amada mía:

Hoy ya he recibido varias cartas tuyas y dos paquetes. Aquí tengo tu tarjeta de San Valentín (hermosa). Me fascina recibir cartas de mi gente especial, principalmente de mi esposa. En estos días todo ha sido más llevadero porque estoy más en contacto con mis seres queridos.

En estos días no he tenido oportunidad de llamarte porque comenzó el ataque por tierra y todo es más restringido. Aquí estamos bien, aunque hemos pasado muchos sustos. Ya las alarmas son cosas de rutina y reaccionamos con menos tensión a todo. Aquí comienza con certeza la parte triste de la guerra porque es por aquí que se procesan y envían los cuerpos de los caídos en batalla y también los que mueren a causa de accidentes y cualquier otra causa. Ahora bien, me preocupa que te preocupes mucho por mí dado a lo que ves en la T.V., periódicos y otros medios. Cuando no pueda llamarte, no te preocupes y mucho menos pienses que me estoy olvidando de ti. Tampoco creas que me molesto cuando llamo a tu casa y no te encuentras, pues yo confío mucho en ti y siento la fuerza de tu amor en mi corazón. Mi vida, yo quiero lo mejor para ti y que la pases bien haciendo lo que te gusta. No sé cómo decírtelo, pero la verdad es que lo nuestro es tan real que nada ajeno a nosotros podrá evitar que nos sigamos amando de esta manera.

Me gustó mucho la carta en que me explicas las gestiones que has hecho para nuestra boda y cuenta con mi aprobación en tus decisiones. Lo único que me gustaría es tener una o dos semanas para adaptarme al clima, horario y forma de vida civil. Yo también deseo con locura vivir a tu lado lo antes posible y estoy tan ilusionado como tú. Será una gran alegría participar en los preparativos de la boda y compartir contigo esta ilusión que será pronto una realidad.

Vida de mi alma, gracias por el tiempo y las bellas memorias que me has brindado. Tú decoras mi vida con tu belleza y tu dulzura. Cada latido de mi corazón es como un saltito de felicidad desde que estamos juntos.

Te ama, tu esposo ilusionado

Carta No. 26 — 25 de febrero de 1991

Título: La noche, la luna, las estrellas y mi amor por ti

Mi amor,

¿Cómo estás hoy? Parece como si no te escribiera hace tiempo. Ahora se me hace un poquito difícil comenzar esta carta, la mente se queda en blanco. Mi corazón grita por decirte tantas cosas bellas que no sé por dónde empezar.

Estoy aquí en el aeropuerto esperando por mis padres (me imagino cuando tú regreses). Aquí son las 8:00 p.m. A esta hora estarás durmiendo. Cuando venía de camino, me imaginaba qué bella está la luna y qué brillante, y las nubes oscuras no podían tapar su esplendor. Y esas estrellas tan bellas, solo pensaba en estar contigo. ¿Recuerdas cuando en el parador fuimos a tomar vino a la orilla de la playa? En un momento me quedo tranquila, se queda en la mente tratando de no solo vivir un recuerdo sino tratar de vivir ese instante otra vez. Hay tanta gente a mi alrededor y nada me parece importante. Te quisiera tener aquí a mi ladito, con tu calorcito. Bueno, ya no te digo más, la noche, la luna y las estrellas son testigos de mi deseo de que estés aquí y de mi amor por ti.

No he recibido ninguna carta tuya, aunque tú me habías mencionado que me habías escrito. Yo seguiré siempre pendiente a recibir tus cartas, pero si no tienes tiempo, no te preocupes. Aunque no te lleguen mis cartas, yo seguiré enviando cartas con todo mi amor, porque las cartas son mi refugio para liberar mi amor por ti.

Este fin de semana he estado sola. La ansiedad me tiene comiendo todo el día, pero abuela me cuida como a un bebé. Me siento mejor, ya estoy recuperando el color. Me estoy cuidando para estar bien cuando regreses.

Mami y papi llegaron a las 8:20 p.m. y gracias a Dios llegaron bien.

Bueno, mi amor, ya me despido. Voy a dormir, quiero soñar contigo.

Te ama, tu esposa en compañía de la luna, pensando en ti

Título: El cese al fuego y el anhelo de un nuevo comienzo

Amada Esposa:

Pronto estaremos juntos. Qué felicidad. Se declaró cese al fuego por parte de los aliados y Hussein por fin aceptó las resoluciones de las Naciones Unidas. Esto significa que las posibilidades son grandes de que esté de regreso a casa antes de los seis meses de activación. Aún aquí no se ha dicho nada definitivo porque el trabajo sigue siendo fuerte, principalmente desde que comenzó el ataque terrestre y los días siguientes a la liberación de Kuwait.

Mi vida, de las primeras cosas que haremos juntos, claro, luego de muchos besos y abrazos, es planificar nuestra luna de miel. Jaja prefiero "whipped cream", es menos espeso. Me gustaría ir a tantos sitios contigo, Europa, Alaska, las Islas Vírgenes, las cataratas del Niágara a refrescarme, etc. Me encantaría un lugar con paisajes hermosos, playas tranquilas y frescas, si mucho fresquito y un hotel bonito. Quiero estar y disfrutar tu compañía en un sitio así. Iremos a una agencia de viajes y veremos las ofertas y los mejores destinos para recién casados. Vamos a preparar un tiempo perfecto e inolvidable para hacer realidad nuestros planes de amor, romanticismo y pasión conyugal.

La fecha de la boda que me mencionaste en la carta me parece bien, pero si llego en abril, podríamos adelantarla para mayo, de esta forma "no perdemos tiempo" (Ja, Ja, recuerda estoy hambriento de amor como esposo en el desierto). Estudiar el trimestre de verano no lo veo posible pues estoy exhausto mental y físicamente. Me siento tan feliz porque parece que lo peor ya pasó lo superamos y ahora es tiempo de hacer realidad nuestros planes más preciados. Cambiando el tema, no me he vuelto a recortar el pelo, ni afeitar el bigote, pues pronto estaré en P.R. y me cuidaré aún más porque quiero llegar bien.

Mi flaca querida, eres el mayor regalo que Dios me ha dado. Esta experiencia de la guerra lo ha confirmado porque tus palabras y **tu amor me han dado alas para volar sobre el dolor.**

Te ama, tu esposo agradecido

Carta No. 28 — 26 de febrero de 1991

Título: Tu amor me acompaña en la espera

Mi querido amor,

Espero en Dios que te encuentres bien y que el amor de Jesucristo esté contigo y te cubra en todo momento. Hoy ha sido un día especial. Fui al santuario donde se unieron muchas iglesias para orar por la paz del mundo, y mientras lo hacían, pensaba en ti. Después, fui con Frances a comprar la tela del traje de novia y de las damas, y me llené de ilusión estando allí, pensando en nuestra boda.

Saber que intentaste comunicarte me llenó de alegría, aunque no pudimos hablar. Le pedí a mi madre que me repitiera una y otra vez lo que dijiste, especialmente los besos que me vas a dar. Aunque no estés físicamente aquí, siento que tu amor me acompaña en la espera, y eso me da paz.

Estoy tranquila, confiando en que todo saldrá bien. Me entretengo soñando con el día en que estés de vuelta. Estoy preparada para esperarte todo el tiempo que sea necesario. Sin ti, no funcionó bien, pero sigo con mis actividades y cuidándome para cuando estés aquí de nuevo.

Hablé con tu hermana, y ella me contó que todos están orando por ti. Me da esperanza saber que estás rodeado de tanto amor. Yo también sigo orando por ti, pidiendo que Dios te proteja.

Aunque no esté recibiendo tus cartas, seguiré escribiéndote. Espero pronto tener tu dirección para enviártelas todas. No te preocupes por mí, estoy bien. Mi vida está centrada en esperarte y en mantenerme saludable para ti.

Te amo profundamente. Cada día te extraño más, pero mi amor sigue creciendo. Espero con ansias el día en que vuelvas a mí.

Te ama, tu esposa en oración y espera

Carta No. 29 — 28 de febrero de 1991

Título: Lo mucho que te amo no me cabe en el corazón

Mi vida,

Hoy he estado pensando en ti todo el día. Ni el trabajo ni la tensión del deber han desviado mi pensamiento. No solo mi pensamiento, mi corazón sigue siempre con la ilusión de quererte. Es como una alegría pensar en el día que regreses. El que no sepa cuándo, no importa, lo que importa es que vendrás a mi lado otra vez, con tu calientito y tu cariño. Solo el pensarlo me trae mucha emoción y se revuelven todos mis sentidos.

Pienso en ti y en tus palabras, tu mirada. Yo pensaba que solo eso pasaba en películas, pero pasa en realidad, y puedo sentir que me miras con la intensidad de tu presencia. De eso se alimenta mi ánimo. Porque, aunque no estés cerca, me sigo sintiendo amada por ti. Pienso que quizás si no tuviera que escribirte no te diría nada, aunque no creas, a veces me da vergüenza. Espero seguir escribiéndote todo lo que mi corazón sienta por ti, sin reservas y con pasión. En el papel y la tinta no se pierden las palabras ni los pensamientos, y nos acompañan por la eternidad.

Hoy siento que lo mucho que te amo no me cabe en el corazón. Me da gracia de mí misma, aquí sentada en la mesa como una bobita, asombrada a la vez de mí misma. Pensando que Dios no le manda las cosas a quien no las puede soportar. Sé que esto pronto pasará, toda la tribulación. Recuerda, si tienes tiempo de escribirme, quiero que me escribas de corazón. Es muy difícil escribir aquello que no se siente. Si tu corazón se siente triste, eso debes expresarme, lo mismo que cuando está alegre. Por mí no te preocupes, recuerda que yo estoy a tu lado en las buenas y malas.

Aquí hay mucho movimiento, mis padres han salido para ir a visitar a mi tía. Abuela ha venido a acompañarme, a veces me cuida como a un bebé. Hoy escuché a un mayor del ejército hablando por la radio. Este hombre además había participado en la guerra de Vietnam y decía que nunca había visto a unos soldados tan gallardos con la moral tan alta como los de esta guerra.

Te ama, tu esposa con el corazón apretado

D. REFLEXIÓN

Todos somos soldados en la batalla de la vida y todos enfrentamos algún tipo de desierto. Durante enero y febrero enfrentamos situaciones estresantes y traumáticas. En esos momentos siempre tuvimos dos opciones: luchar para convertir las experiencias en lecciones de aprendizaje o quejarnos por tener que vivirlas. Elegí la primera opción, combatiendo mis emociones y buscando lo positivo para aprender y estar preparado en caso de que se repitan.

La vida nos presenta los mismos desafíos una y otra vez hasta que interiorizamos las lecciones que nos ofrecen. Esto no es un castigo, sino una oportunidad para crecer y alcanzar una comprensión más profunda de nosotros mismos y del mundo que nos rodea. Mi experiencia en la guerra, junto con las luchas internas que siguieron y aún continúan, son lecciones que se repiten en mi vida. Estas me muestran constantemente la necesidad de sanar, encontrar significado en el dolor y usar esas lecciones para crecer y ayudar a otros a hacer lo mismo.

Las cartas que recibí durante esos momentos críticos actuaron como un recordatorio constante de que la solidaridad es un medio poderoso de conexión humana. Creo que me despertaron una mayor empatía hacia los demás. Cada palabra escrita con amor me ayudaba a desentrañar esas lecciones y me daba la fuerza para avanzar en mi camino de sanación.

Aprender una lección en la vida se asemeja a descifrar un enigma. Si no resolvemos el rompecabezas, este reaparece en diferentes formas y colores hasta que finalmente encontramos la clave y avanzamos al siguiente nivel.

CAPÍTULO 04

MISIÓN CUMPLIDA, SIN REGRESO A CASA: **LA ANSIEDAD Y LA IMPACIENCIA**

"Cuando la guerra parecía haber terminado, una nueva batalla comenzó: la de la espera, la ansiedad por regresar y la incertidumbre sobre el futuro. En este capítulo, te invito a experimentar la tensión y el anhelo de un soldado que, tras cumplir con su misión, se encuentra en una encrucijada emocional. Aquí descubrirás cómo las cartas no solo brindaron consuelo, sino también la fortaleza para resistir los días más difíciles de la espera por volver al hogar."

Soldado Ansioso

A. PREÁMBULO

La impaciencia y la ansiedad fueron dos emociones que marcaron profundamente mis días después de la guerra. Aunque se había cumplido la misión principal, la realidad de permanecer lejos de casa durante meses adicionales trajo consigo una oleada de sentimientos difíciles de manejar. Estas emociones, aunque distintas, a menudo se entrelazaban, especialmente en situaciones como las que enfrentamos los soldados reservistas, quienes no estamos acostumbrados a vivir en constante estado de alerta.

La impaciencia se convirtió en una constante. Día tras día, sentía una frustración creciente al ver que el regreso a casa se retrasaba indefinidamente. El tiempo parecía avanzar a un ritmo desesperantemente lento, mientras el deseo de reencontrarme con mi familia se hacía cada vez más apremiante.

La ansiedad, por otro lado, tenía raíces más profundas. Aunque la guerra había terminado, la incertidumbre seguía presente. La posibilidad de nuevas órdenes o de eventos inesperados mantenía vivo un nerviosismo constante. La tensión acumulada durante meses de conflicto y el entorno hostil alimentaban esta sensación, generando una vulnerabilidad difícil de apaciguar.

En medio de esta tormenta emocional, las cartas se convirtieron en mi refugio. Cada palabra escrita por mis seres queridos me recordaba que no estaba solo. Esas cartas, cargadas de amor y esperanza, mitigaban mi impaciencia y calmaban mi ansiedad.

Ambas emociones me enseñaron a encontrar fortaleza en los pequeños gestos y a seguir adelante, incluso cuando la incertidumbre parecía interminable.

Estos son los hechos históricos más destacados del conflicto que dan marco a los acontecimientos narrados en este capítulo.

- **3 de marzo:** El general Norman Schwarzkopf se reúne con oficiales iraquíes. Irak acepta los términos de alto el fuego y se firma un acuerdo preliminar en Safwan, una ciudad en el sur de Irak, ubicada cerca de la frontera con Kuwait.

- **10 de marzo:** Comienza el regreso de las tropas aliadas a sus países. Algunas unidades claves permanecen para asegurar la región, desmontar los campamentos y movilizar las tropas y equipos.

- **15 de marzo**: Estallan levantamientos populares en Irak, principalmente entre las comunidades chiitas y kurdas, quienes se rebelaron contra el régimen de Saddam Hussein. El gobierno iraquí responde con una represión brutal.

- **3 de abril**: La ONU aprueba la Resolución 687, que establece las condiciones de paz, incluyendo la destrucción de armas de destrucción masiva iraquíes.

- **5 de abril**: La ONU autoriza la creación de zonas de protección para los kurdos en el norte de Iraq.

- **30 de junio:** La mayoría de las tropas de la coalición han abandonado la región, quedando una fuerza residual para mantener la seguridad y entregar las áreas limpias al gobierno árabe.

B. MARZO: **DIARIO, IMÁGENES Y CARTAS**

1 de marzo

Hablé con mi esposa esta mañana; escuchar su voz fue un bálsamo en medio de las tensiones. Llegaron 14 cadáveres al campamento, pero estuve ocupado creando rótulos para el coronel Victorious 2 y diseñando un collar con plaquita para nuestra mascota, la perrita "Morty".

2 de marzo

Procesamos 22 cadáveres, incluido el primero de una mujer. A pesar del fin oficial de la guerra, algunos soldados iraquíes siguen luchando. El calor y el sol inclemente hacen cada día más difícil nuestra estancia.

3 de marzo

Domingo libre. Compré perfumes de marcas famosas para mi esposa, mi madre y mi hermana, reflexionando sobre cómo las responsabilidades como esposo e hijo me acercan a ellos.

4 de marzo

Comencé a izar la bandera, un protocolo de respeto a la bandera de Estados Unidos. El sargento Quebec fue a servicios médicos y le encontraron un pequeño tumor, por lo que lo enviaron a Alemania para recibir mejor atención. Nos sorprendió, ya que es de los más disciplinados en el batallón y se cuida bien. Recogieron los rifles, ya que supuestamente no estamos en peligro. Trabajé de nuevo en el DOMO, procesando seis cadáveres, incluido otro de una mujer. Los soldados Delta, Oscar, Tango y el oficial Bravo partieron en una misión especial a Kuwait. Estoy orando por su seguridad. Le escribí una carta creativa a mi esposa que dividí en dos para hacerla reír, para crear suspenso y con tinta roja para expresar pasión (Cartas 31 y 32).

Secreto de diario: Hoy se envió para los Estados Unidos a una soldado de una unidad vecina que quedó embarazada. No se hicieron esperar los chismes y especulaciones sobre quién podría ser el causante del embarazo.

5 de marzo

Llegó otro cadáver, sumando más de 200 en toda la operación. Una tormenta de arena nos azotó por más de 8 horas y derribó una caseta. Hice un dibujo a lápiz de mi esposa; los muchachos dicen que tengo suerte con una esposa bonita.

6 de marzo

Rumores sobre un regreso a mediados de abril traen esperanza, pero también ansiedad. Recibí una carta de mi hermano, quien anunció que su boda y el nacimiento de mi sobrino serán en abril. Lamentablemente, no podré estar con mi familia. Hoy no llegaron cadáveres. Nos anunciaron que de ahora en adelante la Fuerza Aérea se encargará de procesarlos.

7 de marzo

Discutí con el oficial Eco, pero preferí enfocar mi energía en escribir cartas. Recibí dos hermosas cartas de mi esposa y otra de alguien que me adoptó como parte de la campaña "Adopta un Soldado".

8 de marzo

Fui a servicios médicos por el dolor de espalda. Recibí una carta de mis amigos de la universidad Xiomara, Manolo y Edwin, lo cual me animó. Agradezco las conexiones con mi núcleo de amistades y mi familia en medio de este ambiente desolador.

9 de marzo

Ayudé al capellán con rótulos para la "Fiesta de la Victoria". Disfruté del evento, rompiendo el hielo y bailando con entusiasmo como si fuera la última oportunidad de bailar.

10 de marzo

Día libre. Corrí temprano para liberar estrés y jugué billar, baloncesto y tenis de mesa con compañeros de otras unidades. Cuando veníamos de regreso dos niños se acercaron a nosotros mientras subíamos a la camioneta. Aunque su inocencia era evidente, nos alejamos siguiendo órdenes de no interactuar con locales debido a posibles peligros. Fue un momento incómodo porque en los adiestramientos nos enfatizaron que se utilizan a los niños para colocar explosivos.

4.1 Soldados luego de una carrera por el desierto

4.2 Niños curiosos que se acercaron al grupo

4.3 Vista de un búnker y las duchas del campamento

4.4 Lavando ropa a mano bajo el sol y viento con polvo

11 de marzo

Comentamos cómo la ansiedad y la tristeza han cambiado a todos. Estamos irritables, tristes, ansiosos. Hoy se rumora que nos vamos el 28 de marzo, pero no quiero ilusionarme. Vimos "Home Alone" para distraernos, un lujo en este lugar.

12 de marzo

Hice guardia en el portón y bajo una tormenta de arena grabé un mensaje de 45 minutos para mi esposa. Ahora se rumorea que nos iremos el 28 de marzo. Me siento atrapado en la rutina y anhelo regresar para alcanzar mis sueños en Puerto Rico.

13 de marzo

Realice las labores regulares limpieza e higiene al campamento. Envié la grabación y una carta creativa a mi esposa. Escribir sigue siendo mi terapia emocional en medio de la monotonía. Me divertí escribiendo esta carta. Espero le guste y la haga reír (Carta 36)

14 de marzo

El calor de 105°F y las moscas hicieron el día insoportable. Lavé mi ropa a mano, pero la arena se encargó de ensuciarla de nuevo. La fecha de salida aún es incierta.

15-16 de marzo

Levantamientos populares en Irak y las tormentas de arena aumentan la tensión. La ansiedad por regresar es cada vez más difícil de manejar.

17-19 de marzo

La rutina, el calor extremo y las moscas agresivas dominaron estos días. Sigo escribiendo para mantenerme emocionalmente conectado con la gente que amo.

20-21 de marzo

Días aburridos, no pude ir al gimnasio porque tenía que atender el teléfono y hacer trabajos administrativos. Aún me duele la rodilla. Llegaron los soldados Romeo y Delta del crucero, y también el grupo que fue a la capital de Arabia Saudita. Anunciaron el próximo grupo que irá a Riad el 22 de marzo, y yo soy uno de ellos. ¡Dios es bueno!

22 de marzo

Día libre. Recibí varias cartas, una de mi esposa, quien está tomando medicamentos para el dolor de cadera. Por la tarde, salimos hacia Riad en un viaje de 8 horas. El desierto tiene su encanto con paisajes impresionantes. Nos quedamos en una villa con aire acondicionado, baño limpio y sin moscas. Disfruté del mejor baño en meses. Salimos a comer cordero en un lugar elegante. ¡Dios es Grande!

23 de marzo

En la mañana fuimos a una tienda militar con el oficial Yankee. Por la noche, fuimos al centro comercial. Fue una tremenda experiencia, aunque yo limite los gastos para seguir el plan de ahorro. Buenos precios en el oro. Estuvimos de compras hasta la medianoche debido a la celebración de Ramadán, que permite comercio solo por la noche.

> **Diccionario**: El Ramadán conmemora la primera revelación del Corán al profeta Mahoma según la tradición islámica. En 1991, el Ramadán comenzó el **18 de marzo** y terminó el **15 de abril**. Durante este mes sagrado, los musulmanes practicaron el ayuno desde el amanecer hasta el atardecer, como es costumbre.

24 de marzo

Salimos para nuestro campamento. Fue un buen viaje, vimos camellos, pueblos árabes y pastores con sus ovejas. Reflexioné sobre Jesucristo y las funciones del pastor. Llegamos al campamento tarde en la noche. Me sentí renovado al regresar luego de tomar una pausa y cambiar de ambiente.

25-29 de marzo

Recibí dos cartas de mi esposa (Cartas 33 y 34), llenas de emociones que me preocupan y me siento impotente de poder ayudarla. Montamos nuevamente varias casetas que derivó una tormenta de arena. Los rumores de quedarnos hasta noviembre son desalentadores. Hice un desglose detallado de los gastos desde que fui activado, sumando $550. La Semana Santa la viví como pude con oración individual y lectura de la biblia. (Carta 39)

Nota del autor: Varias notas del diario son para llevar un registro de los gastos. Eso fue así, con el propósito de ahorrar para cubrir los gastos de la boda, la luna de miel y comprar los muebles del apartamento. Resulta interesante que los precios son comparables a los que tenemos hoy. Inclusive, hoy en día, los impresores y las computadoras están a mejor precio y tienen más funciones.

30 de marzo

Llamé a mi esposa esta mañana, ¡qué alegría escuchar su voz! Hice guardia en el portón de entrada durante la visita de un coronel. Hubo una reunión con nuestros líderes para darnos detalles sobre nuestra nueva misión. Sin embargo, surgieron muchas preguntas que no obtuvieron respuestas claras. Por ello, solicitamos hablar con el coronel Victorious 2 para aclarar nuestras dudas. Lo que más nos preocupa es cuánto tiempo tomará la nueva misión y cuándo podremos regresar a casa.

31 de marzo

Domingo libre. Hicimos chiringas y pasamos el día volándolas, recordando nuestra niñez. Una capitana de otra unidad cuando vio las chiringas volando, se animó a visitarnos y le regalamos una. Ella quedó encantada con nuestra creatividad y hospitalidad. Otros soldados curiosos llegaron al campamento para ver las chiringas.

Tuvimos una discusión acalorada con un sargento debido a su actitud autoritaria y amenazante antes de una reunión con el coronel Victorious 2. Sin embargo, la reunión con el coronel fue beneficiosa y profesional. Más tarde, hablamos con el sargento para explicarle que la intención de la reunión era buscar mejoras, no quejarnos de nadie. Hicimos una colecta de dinero, compramos carne y otros alimentos, y preparamos una cena "gourmet" en el desierto. Afortunadamente, no hubo tormentas de arena. Las moscas, como siempre, estuvieron presentes, pero no dejamos que arruinaran el momento. La mejor noticia del día: recibí dos cartas de mi familia y amigos.

4.5 Soldados poniendo a volar su imaginación

4.6 Aprovechando el viento del desierto

Carta No. 30 — 02 de marzo de 1991

Título: El reloj se detiene cuando tú no estás junto a mi

Querido muñeco de chocolate:

Que la paz de Dios esté contigo y los demás compañeros de batallón. Gracias a Dios esta crisis está terminando y espero tenerte pronto aquí, pues me haces mucha falta.

Mira qué lento pasa el tiempo. Estamos en marzo, han pasado tres meses desde que te fuiste, pero para mí, parece una eternidad. Gracias a Dios hoy estoy un poco más tranquila, pero no quiero desesperarme con el reloj, las horas y los días. Espero que cuando llegue el momento de tu regreso, todo vuelva a la normalidad y pueda estar bien para ti. Ahora con menos preocupaciones comencé una dieta para engordar por lo menos 10 libras. Quiero estar linda y llena de energía para disfrutar contigo todo momento y cada detalle.

Por aquí no hay mucho que contar. La gente está muy contenta porque terminó la guerra. Yo siento que tenemos que seguir orando, porque aún tú estás allá. Además, todavía hay muchos lugares en conflicto, muchas familias en problemas. Lo más importante es que nosotros en nuestro corazón sigamos en contacto con Dios, para poder seguir adelante. Me imagino que después de esta prueba, ambos crezcamos como personas tanto en lo espiritual como en lo emocional.

Como tu esposa, solo deseo estar a tu lado para apoyarte y amarte. Le pido a Dios que me ayude a superar cualquier obstáculo que pueda afectar nuestra felicidad. Que Él nos conceda discernimiento, caridad, humildad y mucho amor para compartir.

Con amor, tu esposa

Título: Quiero robarte una sonrisa: Parte 1 de 2

Amada Mía:

Para dejar volar la imaginación y ser creativo, estas cartas las estoy escribiendo, con tinta roja, símbolo de mi pasión. Te escribí con tanta emoción que la carta quedó larga, así que la dividiré en dos. Hago mi mejor esfuerzo por divertirte y robarte una sonrisa.

Me encantaría saber la fecha exacta en que nos iremos de aquí, pero hoy dicen una cosa y mañana otra. Hay rumores de que podríamos irnos antes de lo esperado, pero otros dicen que nos quedaremos hasta Navidad. Esto genera ansiedad e impaciencia, pero trato de no dejar que el desánimo me afecte. Aún así, doy gracias a Dios porque se declaró un cese al fuego permanente y porque Irak está aceptando las disposiciones de la ONU.

Mi flaca bonita, quiero empezar a planificar nuestra "Luna de Whipped Cream". He pensado mucho en ello y ahora que podré llamarte con menos restricciones, podremos concretar algunos detalles. Me gusta la idea de viajar a una isla de las Antillas Menores y pasar allí unos días, luego ir a otra y pasar más tiempo. La primera semana podríamos disfrutar de un hotel tranquilo y bonito cerca de la playa.

La siguiente semana me encantaría hacer un viaje de 10 días. Podríamos ir a algún parador en Puerto Rico o al Dorado Beach si tienen alguna oferta interesante. También he pensado en visitar a tu tía en Orlando y, de paso, ir a los Parques. Como si fuera poco, podríamos visitar a mi tío en Nueva York y recorrer la Gran Manzana. Mi mente sigue creando planes y planes para visitar sitios fuera de aquí.

Además, podríamos sacar los pasaportes y visitar México o Costa Rica. ¡Ya basta, Soldado! Me estoy poniendo ansioso por pasarla increíble contigo, mi bella esposa. Te amo con pasión, eres tan encantadora. Extraño tanto caminar tomados de la mano por el Viejo San Juan y tenerte entre mis brazos.

Suspenso total. Esta carta continuará. ¿Qué estará tramando este soldado en el desierto?

Título: Susurros de pasión y ternura al corazón: Parte 2 de 2

La continuación sigue en rojo pasión…

Un beso suave aquí, muchos más que se deslizan por tu piel, acariciándote con ternura y pasión. Me muevo a tu alrededor, guiado por el ritmo de nuestros corazones, mientras mis caricias recorren tu cuerpo. Me detengo donde tus suspiros se mezclan con los míos, donde el amor florece. Te beso, te acaricio, te miro, y en ese instante, siento que vivo un sueño hecho realidad.

Te amo y te lo iré mostrando poco a poco. Eres mi felicidad presente y futura. Nunca dudé de tu amor. Amo la paz de nuestro amor y el deseo que surge cuando estamos cerca. Este deseo te acompaña donde quiera que estés. Al escribirte, siento como si te susurrara al oído.

Cambiando de tema, te imagino en mi mente vestida de blanco para nuestra boda, pero no me he imaginado a mí. ¿Cómo me vestiré? Podría ser una chaqueta blanca y pantalón negro o el uniforme militar de gala. Es muy elegante, y si puedo alquilarlo en Buchanan, sería tremendo. Lleva sus rangos y distinciones. Cuando regreses, sacaremos tu identificación y veré si puedo usar el uniforme de gala del ejército.

Disfrutando de este amor cada día, lejos o cerca, tú eres mi fuente de alegría y fortaleza. Cuídate mucho y come bien, al menos tres comidas, y toma líquidos para mantenerte saludable. Saber que te cuidas es una alegría para mí, porque te amo y quiero disfrutar de ti por mucho tiempo.

También he pensado en otros temas importantes, como qué método anticonceptivo utilizaremos en el primer año de matrimonio. Es un tema delicado y lo hablaremos en persona cuando llegue, pero mientras tanto sería conveniente que lo consultes con tu ginecólogo.

Cuéntame más sobre tus adiestramientos en la cocina. ¿Quién te ayuda, tu abuelita o tu mamá? No te preocupes, los soldados sabemos sobrevivir y podemos aprender juntos mientras cocinamos y bailamos.

Hasta pronto, tu soldado travieso

Carta No. 33	**09 de marzo de 1991**

Título: Tus cartas de amor entre lágrimas y risas

Querido amor de mi cielo,

Hoy recibí una de tus cartas; esta semana ya van dos. La primera fue tan hermosa que te sentí dentro de mi pecho acariciando mi corazón. Tu carta me hizo llorar al principio, pero después morí de risa. Ya sabes a cuál me refiero, ¡Eres un bandido con sentido del humor!

Acabo de llegar de la iglesia; son las 11:00 de la noche. Si no supiera que Dios nos ama, no tendría amor para dar. Gracias a Él, te amo incondicionalmente y le que me dé sabiduría para amarte, entenderte y hacerte feliz.

Ya no importan tantas cosas que a otros les inquietan. Solo quiero que llegues; necesito tus abrazos para sentirme protegida y mimada. Desespero un poco, pero espero el día en que vuelvas. Pido a Dios tener salud y alegría para recibirte con todo mi corazón. Quiero descansar en tu pecho, como cuando me acurruco sobre ti en la hamaca de tu casa. Quiero sentir tus labios de nuevo, y tantas cosas más…

Hoy hablé con tu mamá; está contenta porque ya casi todo ha terminado. Ellos están bien, aunque quizás le den terapia a tu mamá y tendrá que estar fuera de labores por un tiempo. Ella está pensando en coger vacaciones para concentrarse en sus terapias y recuperación.

Tu hermana me confirmó que nosotros seremos los padrinos del bebe. No lo puedo creer, aunque para mi es un honor, también es una demostración del cariño que me tiene.

Bueno, mi único amor, es tarde y me tengo que levantar temprano. Te quiero, te amo y cuando estés aquí, no solo te lo diré, te lo demostraré diariamente con mi entrega, mis cuidados, y siendo una madre amorosa de nuestros futuros hijos.

Te ama, tu esposa con todo el corazón

Carta No. 34 — 11 de marzo de 1991

Título: La confesión de una esposa desesperada

Amado y adorado esposo:

Siento como si te faltara si no te envío una carta cada vez que tengo una oportunidad de escribirte. Además, necesito decirte una y otra vez que te amo, ya casi no puedo más estar sin ti. Te quiero cerca de mí, sentir tu calor y beber tu aliento. Quiero sentir tus dedos peinando mi cabello, todo de ti me hace falta. Tus miradas, tus palabras, tu ternura. Cuando tú no estás es como si perdiera un poquito de mi vida hoy y otro poco mañana. Sin ti siento se me escapa la vida, porque para mí, tú eres mi razón de ser.

Desde que Dios te puso en mi camino, tú y todo lo que te rodea han sido una de las bendiciones más grandes que he recibido. Amarte significa una de las fuerzas que me da la vida. Dios, su palabra y su amor me ayudan a resistir y a esperar, pero a veces siento que me vuelvo loca si pienso demasiado en ti. A cada instante siento que se me vuelca el corazón. Lo siento tan grande, que mi pecho no es suficiente para contenerlo. Solo tu presencia logrará calmar mi corazón desesperado.

Cuando estemos juntos de nuevo, pido a Dios que podamos vencer con nuestro amor cualquier situación que obstaculice nuestra felicidad. Quiero vivir sin prisa y entregarme toda, ser tu amiga, y compañera fiel y totalmente enamorada. Siempre trataré de envolverte con amor, inspirarte y excitarte a vivir nuevas experiencias que nos lleven a descubrir lugares donde nunca hemos estado.

Tu eres el hombre de mi vida, fuerte, tierno, mi eterno amor. Yo soy y seré tu esposa fiel, tu ayuda, tu complemento por siempre.

Te amo, tu esposa desesperada

Titulo: Guardaré tus cartas por siempre

Amor de mi vida:

Mi vida, ¿cómo estás? Espero en Dios que muy bien, al igual que toda tu familia.

Quiero que sepas que guardaré tus cartas por siempre. Son tan hermosas y están llenas de tanto amor que me hacen bien en cada momento. Las leo y las leo una y otra vez, y tengo que suspirar profundo porque se me eriza la piel y a veces creo quedarme sin aliento. Me has escrito obras tan fascinantes, directo de corazón a corazón, tesoro mío, doy gracias a Dios por tenerte a mi lado. Eres la mujer que soñaba, tú eres para mí. Bueno, como dicen por ahí, "como me la recetó el médico".

Hoy fui al hospital para atender una molestia que tengo desde enero en la parte baja de la espalda. No es nada serio; fue solo una visita preventiva. Me dieron un relajante muscular, un medicamento para el dolor, y que me aplique compresas calientes en las noches. Ah, también me recomendó no levantar cosas pesadas.

Todo estará bien y con la ayuda del Señor pronto estaremos en Puerto Rico. Ya no tenemos misión, pero aquí siempre encuentran trabajos estúpidos para hacer y mantenernos ocupados. Esto me irrita y no quisiera hacer nada. Es una situación frustrante, porque cumplimos la misión y lo que merecemos es regresar a casa. Nosotros somos soldados reservistas no soldados a tiempo completo. Hemos estado expuestos a perder la vida en cualquier momento para servir a la nación y nos mantienen aquí. El tiempo se hace eterno, pues lo que abunda es el desierto, el calor y las moscas. Lamentablemente, no hay casi ninguna recreación y nos sentimos aburridos y hastiados. Confío en Dios, que esta situación cambie o podamos volver pronto a casa.

Te ama, tu esposo fanático de tus cartas

Título: El quiz del amor: Un juego para hacerte sonreír

Amada Mía:

Mi vida, quiero hacer algo diferente contigo por medio de las cartas. Se trata de un pequeño quiz que consiste en preguntar sobre nuestra relación. Una vez contestes el quiz, me enviarás las respuestas, de forma que puedas verificar con mis contestaciones que las daré al final.

1. Título de la primera película que vimos y lugar.
2. Título de la última película que vimos y lugar.
3. Lugar y fecha en que te di el primer beso.
4. Lugar donde por primera vez te dije "te amo".
5. Lugar donde te pedí que fueras mi esposa.
6. Mi sabor de helado favorito.
7. Mi deportista favorito.
8. Fecha de salida de Puerto Rico hacia Arabia Saudita.
9. Selección múltiple ¿Qué parte de tu cuerpo me gusta más?

a. El pelo rojo, largo y rizo	b. Piernas bailarinas
c. La figura esbelta y elegante	d. Todas las anteriores

10. ¿Por qué me matriculé en tu misma sección en el curso de inglés?

a. El salón era el más cómodo	b. La profesora era simpática
c. Había una pelirroja peligrosa y bella que llamó mi atención	d. El horario era perfecto para mi

Te ama, tu esposo juguetón

Respuestas del quiz, ¿Cuántas correctas? El premio está en el casete.

1."Lethal Weapon" en los cines del Señorial. 2. "Ghost", en el Cine de Plaza Las Américas 3. Primer beso, en la playa de Isla Verde, agosto 1989 4. Banquito cerca de la Puerta de San Juan 5. Plaza Colón, Viejo San Juan. 6. Coco 7. Roberto Clemente. 8. 2 enero 9. D 10. C.

Carta No. 37	25 de marzo de 1991

Título: Saber de ti consuela y anima mi corazón enamorado

Mi gran amor,

Hoy por fin recibí tres hermosas cartas tuyas. Las leí y las releí, porque cuando las leo es como si te estuviera escuchando y me siento llena de ti. Es como que, a pesar de la distancia, nos comunicamos perfectamente. Me encanta cuando me llamas corazón de batata con ese cariño y dulzura de siempre.

Estoy feliz de recibir tus cartas y espero que pronto recibas las mías, que escribo con todo el amor que puedo expresar. Saber de ti consuela y anima mi corazón enamorado. Me hiciste reír con la descripción de los recortes de pelo, pero quiero que sepas que te amo con o sin pelo, con bigote o sin él.

Estoy de acuerdo con la idea de comprar la computadora. Me encantaría que pudiéramos tenerte un poco más de tiempo en casa cuando continúes en la Universidad. También me fascina que estemos de acuerdo en que una recepción lujosa no es nuestra prioridad y que mejor utilicemos ese dinero para nuestra luna de miel. Sueño con que regreses pronto, casarnos por la Iglesia y recibir la bendición de Dios. La comunidad de la Iglesia está planeando hacer un ágape sencillo, lleno de amor. Siempre oran por nosotros y por tu pronto regreso sano y salvo.

Desde que te fuiste, he mantenido buena comunicación con tu familia. Tu mamá y tu papá están muy bien. El embarazo de tu hermana sigue perfecto. Cuando llamo, siempre me contestan tus padres, a menos que tu papá esté en la finca. Gracias a Dios, todo está en orden, así que no te preocupes.

Te amo, te extraño, y me siento incompleta porque parte de mí te la llevaste contigo. Dicen que se me nota en el rostro y yo lo siento en mi corazón. Dios me ayuda a estar tranquila y animada, con una familia que me apoya.

Bueno, mi vida, ya me voy a dormir. Es tarde y mañana será un día duro.

Te ama, tu esposa animada

Carta No. 38 — 27 de marzo de 1991

Título: Quiero ser tu bendición para bien y para siempre

Querido amor,

Que la paz y el amor de Dios cuiden tu corazón y espíritu, al igual que el de tus compañeros. ¿Te había dicho alguna vez lo orgullosa que estoy de ti? Dios me ha dado uno de los mejores regalos que puede recibir una mujer: tú. Eres único, la única edición. Sin duda, tu madre rompió el molde contigo. Te amo como a nadie en el mundo, como nunca imaginé que podría amar. Eres un hombre maravilloso, con bellos sentimientos y una fuerza inmensa como las olas del mar. Le doy gracias a Dios por tantas bendiciones. Sabemos que todo saldrá bien, y siempre estaré a tu lado, en lo bueno y en lo malo. Con fe, saldremos adelante.

Quiero ser para ti una bendición, la razón de tu felicidad, la mujer que te dé hijos y que te ayude en todo lo que te propongas. Quiero ser el impulso para que logres lo que sueñas, aunque sé que lo harás porque eres decidido y valiente.

Antes me bastaba conmigo misma, pero ahora no. Si tú no estás, hay algo incompleto en mí. Hoy hablé con tu hermana, y me dijo que me cuide y me alimente bien, porque el matrimonio es fuerte en todos los sentidos. Sé que no todo será color de rosa, pero no temo al trabajo. Abuelita me está enseñando a cocinar, y me compraré un libro de cocina criolla.

Ya no te digo más tonterías. Aquí son las 11:08 p.m., y tú debes estar trabajando o descansando. Antes de despedirme, quiero contarte algo que me animó. Me sentía enferma y deprimida viendo las noticias, hasta que vi un muñequito al que el doctor le dijo: "No te preocupes, todavía hay flores bellas, el cielo es azul, el sol sale, los niños sonríen, las aves cantan, y hay personas que aman igual que tú". Me recordé lo hermosa que es la vida y de cuánto te amo.

Te amo más que a nada, tu esposa.

Título: Viernes Santo y la espera que desespera

Mi amor:

Te necesito. Me haces mucha falta y anhelo el momento de estar a tu lado, disfrutando nuestro amor. Tu recuerdo es mi fortaleza, y doy gracias a Dios por unirnos.

Hoy es Viernes Santo y acá todo sigue igual. Intenté orar y leer la biblia para honrar un día tan especial. Hice mi mejor esfuerzo, pero continuamos con nuestra rutina diaria y la espera que desespera. Imagino que esta semana ha sido muy ocupada para ti con las actividades de la iglesia y tu trabajo. Estoy orgulloso por todo lo que haces con mucho amor.

Todo indica que no regresaré en abril como esperaba. Aquí todo cambia cada día. Ahora se menciona mayo 27 o más tarde, porque le asignaron 5 unidades al batallón. Esto también podría cambiar, y quizás pronto te escriba con otra información. Dios no quiera que estemos más de 6 meses, pues sería difícil para la moral de la tropa. Todos reaccionamos con desánimo ante la posibilidad de quedarnos hasta noviembre. ¿Te imaginas? Fue como un baño de agua fría.

Lo peor es que no podemos fijar una fecha para nuestra boda ni avanzar con el apartamento. Incluso podría ser que tengamos que entregarlo sin haberlo usado. No me parece apropiado pagar por algo que no podremos disfrutar por más de 3 meses. Estoy ilusionado con nuestro hogar, y si llego en abril o mayo sería perfecto. Pero si llego después, será un golpe fuerte para nuestras finanzas.

Cuando tenga la información exacta, decidiremos qué hacer con el mismo amor de siempre. Esta incertidumbre es lo que menos me gusta del ejército. Para ser sincero, me enoja.

Cuídate mucho, mi flaca del alma. Yo estoy haciendo ejercicio tres veces a la semana para estar en forma para ti.

Besos y abrazos multiplicados. ¡Muahhhh! Con efecto de sonido incluido.

Te ama, tu esposo creyente

C. ABRIL: **DIARIO, IMÁGENES Y CARTAS**

1 de abril

Hoy celebramos el cumpleaños del sargento Bravo y le entregué una postal que le hice. Recibí una postal de Oziel, mi mejor amigo de la infancia y su esposa, lo que me llenó de alegría. Compramos un teléfono y tratamos de instalarlo en nuestra caseta para llamar desde allí. Somos los, siempre ideando formas creativas para sobrevivir en el desierto. Lamentablemente, no lo logramos.

2 de abril

Empezamos a comer en las facilidades de la unidad Charlie, comandada por nosotros. Otro grupo salió para Riad para su turno de descanso y recuperación.

3 de abril

El coronel Victorious 2 me pidió hacer un rótulo que decía "MONSTERS DEN BEWARE", inspirado en la película *Predator*. Su risa me recordó que la humildad y el buen humor también tienen lugar en estos tiempos. Es un líder humilde y profesional, con sus acciones y decisiones muestra que se ocupa por el bienestar de los soldados.

4 de abril

El general de la división de logística se reunió con las tropas para tranquilizarnos, entiendo que no lo logró. He decidido mentalizarme para estar aquí seis meses y no ilusionarme con rumores o información ambigua.

5 de abril

Día libre. Recibí una carta de Barby y envié un paquete con un sargento de otra unidad. Creamos un área de sombra e instalamos bancos.

6 de abril

> **Secreto de diario**, Hoy nos llegó un paquete misterioso enviado por una persona desconocida. Entre dulces y galletas saladas, apareció algo que parecía ser una botella de "whiskey". Fue como si el desierto nos hubiera dado un premio inesperado. Decidimos celebrar por el gesto solidario de un amigo desconocido.

Como de costumbre el sargento Quebec me cortó el pelo. Él siempre nos hace el mismo estilo "coco pelado". Terminé el rótulo para el coronel Victorious 2. El soldado Delta y yo instalamos un poste para la bandera. Llamé a Barby, la fila para usar el teléfono fue larga y tuve que esperar más de una hora.

7 de abril

Llegó un cadáver en helicóptero. Soldados de la coalición vinieron a buscar otros cadáveres. Las cartas de mi esposa son cada vez más poéticas, lo que me inspira profundamente. (Cartas 37 y 38 marzo).

> **Secreto de diario**, Un nuevo asistente del capellán llegó a las 2:30 a.m., donde el capellán lo estaba esperando en la puerta de entrada. Su primera interacción rápidamente escaló en una discusión, la cual fue reportada a la autoridad correspondiente.

8 de abril

Una tormenta de arena de 12 horas dificultó el día, pero logré colocar una malla camuflada sobre la caseta del coronel y trabajé en una presentación sobre la misión.

9 de abril

Cocinamos "steaks" y fuimos al gimnasio bajo una tormenta de arena. El oficial Yankee recibió un pase para atender un asunto familiar fuera del campamento.

10 de abril

Pasé el día colocando alambre de púas alrededor de un aeropuerto provisional. El calor, los insectos y las tormentas de arena hicieron este día particularmente difícil.

11-13 de abril

El desánimo y la carga de trabajo me alejaron de escribir. Ahora me siento más útil como especialista gráfico, dejando atrás las tareas de manejo de cadáveres.

14 de abril

Hoy es mi cumpleaños. Agradecí a Dios por otro año y hablé con Barby, quien me cantó "Feliz Cumpleaños". Aquí nadie supo que era mi día; todos los días son iguales en el campamento.

15-17 de abril

Me escogieron para izar la bandera en una formación del batallón, lo cual fue un honor. Seguí los consejos de un libro de macrobiótica, pero ajustándolos a nuestras limitaciones. Envié una carta divertida a mi esposa con la intención de animarla y hacerla sonreír. (Carta 46)

Secreto de diario, a un soldado de una unidad de nuestro batallón la esposa lo dejó por carta y le envió fotos con su nueva pareja. Él nos mostró las fotos. El soldado estaba triste e incrédulo de que eso estuviera ocurriendo. Esta noticia nos sorprendió a todos. El soldado pidió un pase para ir a "resolver" la situación, pero no lo aprobaron.

18-19 de abril

Colocamos letreros en el área de "Panzer Hotel". El calor llegó a 115°F, y me sentí físicamente agotado. Recibí dos cartas de Barby, una describiendo la Vigilia Pascual y otra sobre el casete que le envié con palabras que elevan mi alma. (Cartas 41 y 42).

20 de abril

Recibimos miles de soldados por día para ayudarlos en el proceso de salida. El sargento Bravo y la sargento Indiana me regalaron una taza alusiva a "Desert Storm" por mi cumpleaños. Fue un gesto que aprecié profundamente.

Nota del autor, La carta no. 42 hace referencia al mensaje en audio que envié a mi esposa en un casete. Este mensaje lo gravé durante una guardia bajo una tormenta de arena que se describe en las notas del 12 de marzo del diario. A continuación, el código QR para acceder una copia de la grabación original que venció el tiempo.

21-23 de abril

El calor es insoportable, y la incertidumbre por la fecha de regreso aumenta la tensión.

Secreto de diario, Hubo una fuerte discusión entre un sargento y el soldado X-Ray. Todo comenzó porque el soldado X-Ray se negó a obedecer una orden, lo que molestó al sargento, y casi llegan a los golpes.

24-25 de abril

Tuve que quemar excrementos y basura bajo un calor extremo, una tarea que me dejó físicamente agotado. Sentí que la paciencia y la fe me sostenían. Escribí a mi amigo de la infancia, Oziel.

Secreto de diario, El soldado X-Ray está en el hospital tras reportarse con un dolor de cabeza causado por un golpe. Hay varias especulaciones sobre quién pudo haberle propinado el golpe, y algunas apuntan a un sargento. ¿Chisme o verdad? Solo el desierto fue testigo. Con el estrés, la ansiedad y el calor que vivimos, cualquier cosa puede suceder.

26-27 de abril

Recibí dos cartas de Barby; una de cumpleaños y otra sobre nuestro "nido de amor." Estas cartas son un ancla en medio de la impaciencia y la rutina y me alegraron el día. También recibí los cheques que pedí. La noté emocionada por mi posible regreso. (Cartas 45 y 47).

28 de abril

Los rumores de quedarnos hasta agosto me llenaron de frustración. Aunque quiero gritar, la fe y el amor de mi familia me ayudan a controlarme. Por iniciativa propia montamos un acondicionador de aire en nuestra caseta, lo que generó controversia con otros compañeros. Nosotros estamos dispuestos a ayudarlos a conseguir uno.

29-30 de abril

Llamé a mi esposa y supe que soy tío. Eugenio Fernando nació el 21 de abril. Además, pude comunicarme con mi hermana y fue una alegría escucharla describir su experiencia con la maternidad. El soldado Hotel recibió un pase para atender el parto de su esposa, y aunque algunos se molestaron, yo me alegré por él.

4.7 Rótulo solicitado por el coronel Victorious 2

4.8 Trabajo en equipo instalando el rótulo de "Panzer Hotel".

Carta No. 40 — 1 de abril de 1991

Titulo: Sumergida en ti y llena de lo que eres

Amor de mi vida:

No encuentro palabras para expresar lo importante que eres para mí; todas me parecen pequeñas. Prefiero decirte de manera sencilla y concreta, como es mi amor por ti, profundo y sin reservas. Me siento sumergida en ti, llena de lo que eres, y pienso en nuestros futuros hijos, fruto de este amor. Ese amor se vuelve palpable en los niños, en su ternura, inocencia y espontaneidad. Recuerdo que cuando yo era más joven, les escribía a mis hijos del futuro sobre mis experiencias. Lo hacía porque creía que les podría ayudar. Ahora te tengo a ti y sé que mis sueños se harán realidad.

Leí una de tus cartas, aquella donde hablas de tu sueño conmigo, y es una de las más hermosas que he recibido. Doy gracias a Dios por tenerte. Si alguna vez dudas, recuerda estas líneas y que te amo profundamente. Si tuviera palabras aún más bellas para decirlo, las usaría, pero basta con decir que te necesito, que deseo cuidarte y estar a tu lado, besar tus labios y acariciarte.

Sobre otro tema, tu hermano ya tiene todo listo para el 7 de abril, cuando se celebrará su boda civil en un restaurante. Me pidieron que tome las fotos y acepté con mucho gusto. Espero en Dios que tome buenas fotos.

Tu mamá y tu papá están bien, gracias a Dios. Hablé con ellos y les recordé que estén tranquilos, que todo llegará a su momento. La familia está unida, y eso nos da la fuerza para superar cualquier desafío.

Sobre el apartamento, es pequeño pero acogedor, con espacio justo para nuestras cosas. Me gusta mucho, y aunque tendremos vecinos cerca, tendremos suficiente privacidad.

Bueno, mi vida, ya es tarde y el sueño me vence.

Te ama, tu esposa sumergida en ti

Carta No. 41 / **02 de abril de 1991**

Titulo: Un bautismo de fe y esperanza: Vigilia de Resurrección

Mi chocolate sabroso:

Siento que hace tanto tiempo que no te escribo, a pesar de que la última carta fue el sábado. Es que me haces tanta falta. Estos próximos días hasta tu regreso se están haciendo eternos, los más largos que he tenido que vivir.

Desde el sábado han pasado cosas muy bonitas. Fui a la vigilia de Resurrección en la iglesia. Llegamos a las 10:30 de la noche y había alrededor de 400 personas. Las lecturas fueron hermosas, y el ambiente, lleno de paz. En medio de la ceremonia, bautizaron a un niño en una pila de agua, y al ver esa escena sentí que me sumergía junto a él, como si me renovara el alma. Deseo que esa paz me dure hasta el próximo año. Terminamos a las 5:30 am, y luego, a las 6:00, fuimos a un restaurante para romper el ayuno. Éramos cerca de cien personas, y hasta brindamos con vino. El padre Eduardo dio una oración tan bella que pensé en ti todo el tiempo, pidiendo que Dios te acompañe y bendiga nuestra relación. Agradecí por cada momento que compartimos y por el amor tan grande que nos une.

El domingo, después de esa noche tan especial, llegué a casa a las 10:30 a.m. y nos acostamos a descansar, y dormí hasta las 4:00 p.m.. El lunes fui al hospital para conocer a Doña Rafaela, la señora que te escribe. Ella está enfrentando una cirugía delicada, pero cuando le mostré tu fotografía, se llenó de alegría. Dice que le encantaría escribir un libro y contar nuestra historia. ¡Imagínate, seremos famosos! Me sentí orgullosa de estar ahí, formando parte de algo tan bonito y que te conecta con personas de tanta fe y fortaleza..

Mi amor, antes de dormir, quiero decirte lo que siempre te digo, pero que nunca es suficiente: te quiero con toda mi alma. Cuídate mucho, porque eres una parte esencial de mi historia, y sin ti, mis sueños quedarían incompletos. Eres el motor que impulsa todo lo que deseo y lo que espero de la vida.

Te ama, tu esposa esperanzada

Carta No. 42 **04 de abril de 1991**

Titulo: No sé si reiré, lloraré o me quedaré paralizada

Mi vida:

Te llamo "mi vida" porque significas todo para mí. A veces las palabras no son suficientes para expresar lo que siento, pero quiero que sepas cuánto te amo. Eres un hombre tierno, inteligente, fuerte, amoroso y responsable… ¡mi regalo más grande!

Recibí tu casete y te agradezco profundamente por ese hermoso detalle. Tus palabras llenas de amor tocaron mi corazón. Oír tu voz y sentirte cerca me hizo imaginar que estabas aquí, a mi lado. Ver tus fotos me llenó de alegría y me hizo sentir una conexión especial contigo, como si nunca hubiéramos estado separados. Tus palabras son bálsamo en especial cuando dijiste que te sientes afortunado de tenerme en tu vida. Estos detalles hacen que mi amor por ti se haga aún más fuerte. Lo guardaré con mucho cuidado para que algún día nuestros hijos también puedan disfrutarlo.

Todo lo que te escribo en mis cartas es sincero y viene del corazón. Si tuviera que decirlo en persona, probablemente me faltaría valor, pero escribir me permite abrirme completamente.

Sueño con el día en que podamos estar juntos de nuevo. No sé si reiré, lloraré o me quedaré paralizada, pero sé que te abrazaré con todas mis fuerzas. Mientras tanto, dejo en manos de Dios nuestra espera, confiando en que Él nos guiará.

Mi mayor anhelo es estar contigo, cuidarte, y demostrarte mi amor con hechos. Quiero apoyarte en todo y seguir construyendo juntos con la ayuda de Dios.

Te ama, tu esposa anhelante

Titulo: Sentirte a mi lado me hace inmensamente feliz

Mi querida flaca con curvas peligrosas:

Aquí te envío un rollo de película con fotos del viaje a la capital de Arabia Saudita y del campamento. Cuando las lleves a revelar, por favor, pide una copia para mi hermana.

Mi amor, te extraño tanto que a veces siento que se me arruga el corazón al pensar en ti y no tenerte cerca. Sin embargo, sueño con lo maravilloso que será todo y lo mucho que disfrutaremos juntos.

Soy inmensamente feliz por estar a tu lado, aunque sea en espíritu, cerquita de tu corazón. Tú eres la razón de mis suspiros, parte de mis sueños y el recipiente perfecto de todo mi amor. Nada en mi vida se compara con la felicidad que tú me brindas. No importa dónde estés o qué adversidades enfrentemos, tu amor siempre me acompaña y me llena de paz. Eres la chispa que enciende mi vida, el instrumento que Dios utilizó para que conociera el amor verdadero. A veces me pregunto cómo pude llegar a amar de esta manera, y le agradezco a Dios por haberte puesto en mi camino.

Hoy se casa mi hermano, le deseo bendiciones, felicidad y prosperidad. También, esta semana debe llegar a Puerto Rico una de las compañías que estuvo aquí. Me emociona imaginar que pronto seremos nosotros los que estemos de regreso. Solo quiero estar contigo para expresarte todo el amor que he acumulado. Ja, Ja, a veces pienso que nuestro amor es como el vino y cada día que pasa se pone más sabroso.

Cuídate mucho, mi vida. Pronto estaré a tu lado para amarte como tantas veces he soñado.

Te ama, tu esposo el viñador

Carta No. 44 — 12 de abril de 1991

Título: La esperanza y la fe me sostienen en la espera

Amado esposo:

Ya faltan dos días para tu cumpleaños. Cuánto me gustaría estar contigo para darte muchos besos y el regalo que te compré. Lamentablemente, tendré que guardarlo y dártelo cuando regreses, porque no se puede enviar por correo.

Hablando de trabajo me dieron un aumento y me siento más tranquila en la parte financiera. Sé que tengo que aprender a confiar más en Dios. Como dice en la Biblia, "si Dios cuida a los pajaritos, cómo no va a cuidar de nosotros."

Hoy fui al apartamento a llevar unas cositas que nos regalaron y cada vez me gusta más. Cuando estoy en el apartamento te imagino allí conmigo y te veo sentado leyendo, en la mesa comiendo o en la cama amándonos. Estoy loca por vivir contigo en nuestro hogar, compartiendo y disfrutando cada instante. La verdad me da mucha ilusión de vivir esta nueva etapa en nuestras vidas.

Hoy recibí una carta tuya, en la que me haces una pequeña prueba con preguntas sobre nosotros. (Carta 36) Quiero que sepas que solo fallé la pregunta de cuál fue la última película que vimos. La carta fue divertida, y diferente, pues todo lo haces especial y eres ocurrente, aun en momentos difíciles. Tus preguntas me hicieron recordar esos momentos inolvidables como cuando me dijiste "te amo" por primera vez en el Viejo San Juan y nuestro primer beso. Tus detalles me confirman que tú eres el hombre de mi vida para siempre.

Estoy confiada que cuando llegues pueda servirte de apoyo para que descanses rodeado de mucho amor. Ya se me cierran los ojos y me caigo del sueño. Me acuesto y me levanto pensando en ti. Cada día, encuentro consuelo en las pequeñas cosas: una oración silenciosa al amanecer, el abrazo cálido de mi familia, o el susurro del viento que parece traer tus palabras de amor. Mi imaginación, y mi fe me sostienen mientras espero impaciente tu regreso.

Te ama tu esposa ilusionada

Carta No. 45 | **14 de abril de 1991**

Titulo: Un año más de vida: Bendición oculta en la adversidad

Mi amado esposo felicidades en tu cumpleaños:

¿Cómo estás? Quisiera estar a tu lado para celebrarte y darte todos los besos, los abrazos y cuidados que tengo acumulados para ti. Confío lo pases lo mejor posible y que la distancia y las circunstancias no impidan que celebres un año más de vida, con retos, penas, alegrías y aprendizaje. Las bendiciones siempre están presentes, aunque a veces no las veamos a simple vista, porque se ocultan en la adversidad.

Te envío mis mejores deseos para que te sientas rodeado de amor y alegría en este día tan especial. Hoy y siempre veo al hombre valiente y amoroso que eres en tus pequeños gestos, en cada palabra y en cada sonrisa. Mi reto es saber esperar y mantener la esperanza de que estos días pasen rápido para tenerte de vuelta en casa y seguir compartiendo juntos nuestra vida.

Cada día sueño con nuestra vida cuando estés aquí. Imagino que pasearemos, reiremos y disfrutaremos de cada instante. Quiero que construyamos momentos inolvidables que nos hagan sentir completos y llenos de amor. Aunque estemos lejos ahora, confío en que este tiempo fortalecerá aún más nuestro matrimonio.

Quiero que sepas que estoy aquí para ti, en las buenas y en las malas, que nada cambiará mi amor por ti. Eres mi compañero, mi amigo, mi todo y agradezco a Dios cada día por haberte puesto en mi vida. Espero con ansias el día en que finalmente podamos dejar atrás esta separación.

Hasta que eso pase, sigue siendo fuerte, sabiendo que te espero con el mismo amor de siempre. Dios nos protegerá y nos guiará hasta que estemos juntos otra vez.

Te mando todo mi amor y mis pensamientos están siempre contigo. Que este cumpleaños sea especial a pesar de la distancia, te envío mi calor para que sientas mi presencia y mi amor.

Te ama, tu esposa en celebración

Título: Humor sobre los hábitos de la guerra y el desierto

Querida esposa:

Por acá nos hemos enterado de que uno de los oficiales que regresaron a Puerto Rico ha dicho en los medios de comunicación que los participantes en esta operación llegaremos con algún grado de locura o trastorno mental. Por tal razón, quiero prepararte por si, cuando vivamos juntos, notas que algunas de mis acciones no son del todo comunes. Quiero que sepas que solo son costumbres adquiridas en el desierto y que, con un poco de paciencia y amor, podrán desaparecer. A continuación, te adelanto algunos ejemplos de lo que podrías notar:

Si por la madrugada me levanto y busco una linterna para ir al baño, no te preocupes: es que no quiero perderme en el desierto.

Si cuando me vaya a bañar me ves con una bolsita con jabón, y champú y la toalla colgada al cuello, no te preocupes, intentare bañarme bien para ti.

Si un día me sorprendes bañándome con chancletas puestas, es porque estoy cuidando mis pies para ti.

Si antes de bañarme pregunto si llenaron la cisterna, es solo para asegurarme de estar impecable para ti.

Si me emociono al recibir un periódico del mismo día, no es que dude de la imprenta; es simplemente agradecimiento por estar actualizado en las noticias.

Si sigo escribiéndote cartas cada noche, aun viviendo juntos, es porque aún no puedo creer que este sueño se ha hecho realidad.

Si le pregunto al vecino si tiene cartas para mí, no te preocupes: es que tus cartas siempre fueron la mejor noticia del día.

Si lavo mi ropa interior en un balde, no es desconfianza en ti: es que el desierto me enseñó a ser autosuficiente.

Si hago guardia frente al apartamento alguna noche, es solo porque estoy asegurándome de proteger nuestro nido de amor.

Si cuando salimos juntos llevo varias botellas de agua a cualquier lugar, no te alarmes: aprendí que sin agua y sin ti no puedo sobrevivir.

Si salgo corriendo al detectar humo o un olor extraño buscando refugio, no te asustes, es solo un reflejo de supervivencia para vivir muchos años contigo.

Y si insisto en que toda la familia se quede a dormir en el apartamento, aunque no haya espacio, es porque estoy intentando recuperar el tiempo perdido.

Como verás, puede que necesite un tiempo para adaptarme a la vida de civil. Pero con tu ayuda y comprensión, estoy seguro de que podremos disfrutar cada situación y, con el favor de Dios, superar cualquier reto con amor y buen sentido del humor.

Ese periodo de transición lo vivimos cuando llegamos aquí y tuvimos que acostumbrarnos a las carencias de lo básico y a las condiciones extremas del clima. Te cuento esto porque sé que muchas personas tienen un estereotipo sobre la conducta de los veteranos de guerra y creen que todos regresamos con desajustes emocionales. No los juzgo: la experiencia de la guerra es compleja y puede dejar huellas para toda la vida. Sin embargo, quiero que estés tranquila, porque con Dios por delante y con todas las oraciones de ustedes allá, estoy haciendo mi mayor esfuerzo por mantener una actitud optimista y agradecida, cuidando mi salud mental para estar bien y continuar nuestra vida juntos como matrimonio.

Intenté abordar este tema tan serio de forma jocosa, para hacerte reír, pero también para que sepas que podrías encontrarme un poco cambiado. Sin embargo, estoy seguro de que tu amor y paciencia serán mi mejor terapia, y que todo estará bien.

Hay algo que no cambiará, sin importar la distancia, el tiempo ni las circunstancias. Sí, yo sé que tú sabes a qué me refiero: al gran amor que nos une como marido y mujer, en las buenas y en las malas.

Te ama, tu esposo que le encanta hacerte reír

Carta No. 47 — 17 de abril de 1991

Título: Nuestro nido de amor: Sueños de paz y tranquilidad

Amor de mi vida,

Recibí tu carta donde me dices que podrías regresar a finales de mayo o principios de junio. Tu hermana llamó a la persona contacto del ejército y le dijeron que, como tarde, será en agosto. Sé que falta poco y eso me da consuelo. Aunque han sido momentos difíciles, agradezco que estés bien y que pronto podremos estar juntos. Al pensar en tu regreso, sueño con un lugar feliz donde vivir y que nada básico nos falte. Pido a Dios que me aumente la fe y la confianza para mantener la calma en este tiempo de espera.

Con respecto al apartamento, seguimos adelante con la contratación para asegurar no perder la oportunidad pues está bien ubicado y a buen precio. Estoy segura de que regresarán pronto, y cada día renuevo mi esperanza de tenerte aquí, en nuestro nido de amor, lleno de paz y tranquilidad.

A veces la vida nos pone desafíos, pero creo que debemos aceptarlos y confiar en que cada día es un paso más cerca de nuestro reencuentro. Ya falta menos y confío en que estos meses pasen rápido.

Mañana iré a una actividad con tu hermana. Es un espectáculo de talentos en la universidad. Me anima pensar que en poco tiempo estarás aquí para compartir todos estos momentos juntos. Te echo de menos cada noche; mientras escribo, me muero de sueño, pero quería que supieras que estás siempre en mi corazón.

En este momento de calma, me siento agradecida. Aunque no puedo hacer mucho para cambiar la situación, sé que tienes a alguien que te ama sin límites y que reza por ti cada día. Dios nos ha bendecido con una vida llena de experiencias, momentos de risa, lágrimas, y amor compartido.

Te ama, tu esposa agradecida

Título: Promesas de un aprendiz de poeta en el desierto

Mi Amada Flaca:

No sabes qué alegría me dio cuando llamé a mi hermana y tú estabas allí con ella, cuidándola antes de dar a luz a mi sobrinito. Gracias por cuidar de nuestra familia. Siempre supe que serías como una hija para mis padres y una titi chula para mis sobrinitos.

Tengo que comentarte sobre tus cartas. Son tan hermosas y contienen tanto amor que te siento cerquita, porque logras penetrar en mi corazón y pones alas para volar sobre el dolor. Cada vez eres más expresiva y tienes más confianza conmigo y en el amor que te tengo. Me gusta que te sientas segura de que te amo mucho y que valores el ser maravilloso que eres. Estoy seguro de que hemos edificado un matrimonio sobre unas bases sólidas y verdaderas. Estoy seguro de que los días por venir serán y estarán llenos de armonía, respeto, amor y paz. Adoro tu capacidad de amar, especialmente cuando te refieres a nuestros hijos por venir. Ya los amamos porque serán producto del amor. Doy gracias a Dios por permitirme tenerte a mi lado, aunque nos separe la distancia.

Mi bomboncito bajo en calorías, dulce y sin azúcar, hoy ya solo faltan 33 días para cumplir con nuestras órdenes de 6 meses. Personalmente, creo que no nos extenderán las órdenes y que pasaremos un verano bien acaramelado y juntitos.

En algunas de tus cartas me indicas tu temor de ir al ginecólogo. Te pido que no lo pospongas, pero si quieres, podemos visitarlo cuando yo regrese. Me gustaría recibir orientación profesional sobre métodos anticonceptivos y otros asuntos relacionados con una sana sexualidad. Luego conversaremos sobre este tema con calma, pues prefiero que usemos un método natural que no te cause efectos secundarios.

Mis huesitos de la buena suerte, aquí está haciendo una temperatura tan alta que a veces creo que me derrite la piel y me seca los ojos. Estoy seguro de que estas 10 libras que aumenté desaparecerán como por arte de magia. Me sorprende la cantidad de agua que estoy tomando. Me siento lleno de agua. Sin embargo, uno orina poco. Lo que quiere decir que el cuerpo rápidamente consume toda esa agua.

En cuanto llegue voy a solicitar ayuda por desempleo. Tengo derecho a ello, pero haber estado 6 meses activado en el ejército y luego ser desactivado, es un beneficio al que tenemos derecho y nos será de ayuda. Así durante esas semanas, repasaré algunos conceptos básicos de mis estudios, disfrutaré y aprovecharé tu compañía al máximo. Inicialmente, quería estudiar en el verano, pero he cambiado de idea, pues quiero dedicar tiempo a ti y a relajar mi mente agitada. Lo necesito para recargar baterías y coger impulso.

Hace algún tiempo que no te escribía, porque hemos tenido mucho trabajo y el calor a veces se sale con la suya, me deshidrata y me fatiga. Hoy terminé de pintar unos rótulos temprano y aquí estoy aprovechando el tiempo escribiéndote. Claro, tengo el trabajo al día, pero siempre tengo que estar preparado para hacer cualquier trabajo que haga falta. Eso me pasa mucho porque yo no protesto y lo hago con buena actitud. A mí me ayuda mantenerme ocupado en el trabajo físico y ocupar mi mente en expresar mis sentimientos escribiendo cartas.

Escribirte es como pasar un instante contigo, aunque sea en mi imaginación y a través de las palabras en las cartas. ¿Sabes?, calculé la distancia entre nosotros y son algunas 7,456 millas si es un viaje en línea recta. Lo grande es que estamos venciendo esa distancia con 10,000 expresiones de amor. Creo que entre los dos vamos a sobrepasar las 100 cartas. A veces me sale lo de poeta en el desierto. Jaja no es por talento, es que tú me inspiras.

Mamita chula, cúidate, descansa, mantente bella para mí y sigue llevando alegría a donde quiera que vayas. Sonríe y camina erguida, todo estará bien Dios nos tiene reservados momentos maravillosos por venir.

Te adora, tu aprendiz de poeta

Carta No. 49 — **20 de abril de 1991**

Título: No me da miedo demostrarte que te amo

Mi amado esposo:

Que la paz de nuestro Señor Jesucristo esté contigo y con todos los que te rodean. Espero que te sientas mejor y que la tranquilidad inunde tu corazón. Aquí nos estamos preparando para el día de Pascua; ¿te acuerdas de que el año pasado coincidió con tu cumpleaños?

Hoy, escribirte se me hace un poco más difícil que otras veces. Me haces mucha falta, y desearía con todo mi ser que estuvieras aquí conmigo. Ha sido un tiempo muy duro para nosotros. Gracias a Dios, lo peor ya pasó, pero esta espera parece interminable.

Nunca le había demostrado a alguien tanto amor como te lo demuestro a ti. Ni siquiera a mis propios familiares les he mostrado este nivel de entrega. A veces, el miedo me invade: miedo de no ser querida de la misma manera. Admito que mi orgullo suele detenerme, y por eso no siempre expreso lo que siento. Pero contigo no me da miedo demostrarte que te amo. Tú haces que mi amor crezca, que mi corazón se sienta pleno. De ti se alimenta mi amor.

A veces pienso que mi capacidad para amar es limitada, pero confío en que Dios me ayuda a seguir adelante, a encontrar paz y a expresar mi amor de formas que nunca creí posibles. Mi amor por ti es tan fuerte que me siento incompleta cuando no estás a mi lado. Aunque este amor es tan inmenso que a veces me cuesta manejarlo, agradezco a Dios por ponerlo en mi vida.

Sé que hay quienes no logran aceptarse ni quererse a sí mismos, pero me llena de consuelo saber que Dios me acepta y me ama tal como soy. Eso me da la fuerza para aceptar a los demás sin condiciones. Tus cartas y las mías han cruzado esta distancia física y se han convertido en una forma especial de decirnos cosas que tal vez, cara a cara, no podríamos expresar tan fácilmente.

Con todo mi corazón y sin miedo de amarte,

Título: Preocupaciones y anhelos a 115°F

Mi modelo de revista:

Ayer llamé a mi madre y me enteré de que estuvo hospitalizada por un dolor fuerte de estómago. Me preocupa su salud y lo poco efectivos que son algunos médicos, que solo tratan los síntomas con medicamentos en lugar de las causas. Este enfoque solo la hace caer en un ciclo de tratamientos temporales que provocan nuevos problemas.

Por favor, infórmame si hay algún cambio en la salud de nuestra familia. También, cuídate tú. Trata de descansar al menos de 5 a 6 horas diarias. He notado que te desvelas para escribirme y luego te levantas a las 4:45 a.m. para ir al trabajo. Mi amor, descansa más. Cuida tu alimentación: menos dulces, más vegetales y alimentos frescos. Evita el café, las sodas y la carne roja.

Me alegra que hayamos aclarado la situación del apartamento durante nuestra llamada. Me gusta la iniciativa que has tomado, y quiero que sepas que siempre podemos comunicarnos sobre cualquier decisión, porque confío en que juntos podemos lograr todo lo que nos proponemos.

Aquí hemos estado muy ocupados con la nueva misión: operar un "hotel" improvisado en el desierto para los soldados que salen de Irak luego de la victoria. Estamos sacando a 5,000 soldados de la séptima de infantería -VII Corp. Tenemos que proveerles todo: lugares para dormir, comida, agua, duchas y entretenimiento.

El calor ha llegado a 115°F, y estamos bebiendo alrededor de 3 galones de agua al día. Dicen que pronto tendremos que tomar 6 galones diarios. Al menos, el agua aquí es de buena calidad y abunda.

Cuídate mucho, mi vida. Dales saludos a todos.

Te adora, tu esposo sofocado, sudado, pero siempre listo para besarte.

Carta No. 51 — 21 de abril de 1991

Título: Alegría y vida en la sala de partos

Mi adorado esposo:

Mi vida, tu hermana está de parto y en estos momentos me encuentro en la salita de espera del hospital, son como las dos de la tarde, y todavía no ha dilatado bien. Hoy es el gran día pues lleva 3 días con las contracciones. Gracias a Dios, ayer sábado, como a las 6:30 p.m., José se comunicó con el doctor para informarle que tenía las contracciones inestables, pero que ya había botado el tapón mucoso y estaba sangrando. Además, Evelyn por las contracciones no había podido dormir nada. El doctor le puso unos calmantes para que pueda descansar antes del parto.

José acaba de salir de sala de parto para indicarme que le van a inyectar un medicamento para acelerar las contracciones y poder así dilatar más rápido. Además, van a llamar a una persona de las clases de parto sin dolor para que la ayude. Por lo menos ya ella rompió fuente, de esa forma las contracciones no son tan intensas. Gracias a Dios que el doctor decidió hospitalizar a tu hermana y ponerla bajo observación. Ella no soportaba el dolor y eran cada 15, 10 o 20 minutos. Imagínate cuando sean cada 5 minutos. De verdad, que es una tarea fuerte, y si uno como mujer lo piensa mucho, da miedo. Por ser primeriza se espera que no sea un parto fácil.

Para mí ha sido bueno y satisfactorio estar aquí con ellos en este momento tan importante. Estuve acompañándola y hablamos de todo, hasta disparates para ayudarla a distraer su mente del dolor y sobrellevar la situación. Es un momento de muchas emociones simultáneas para una mujer y para el esposo también.

Tu hermana, para evitar tanto dolor quería que el doctor le hiciera una cesárea, pero el doctor les dijo que solo hace cesáreas si no puede parir natural por alguna complicación. Eso es bueno para ella, porque una cesárea es más difícil o toma más tiempo la recuperación. De momento, solo nos queda esperar y pedirle a Dios fortaleza para tu hermana e iluminación divina para el doctor.

Yo me siento feliz de estar aquí, porque a ellos dos los aprecio mucho, porque ella es sangre de tu sangre y somos familia. Además, estoy segura de que tu quisieras estar aquí con tu hermana. No puedo evitar pensar cuando tú y yo pasemos por esta experiencia, yo quiero que estés conmigo, pues sin ti creo que no tendría fuerzas.

Con la ayuda de Dios, podríamos tener nuestro primer hijo de aquí a dos años. Te imaginas la emoción y la alegría que nos traerá un hijo o hija a nuestras vidas. Yo espero aprender a dividir el tiempo entre atender a nuestros hijos, a la casa, el trabajo, y a ti que eres mi esposo, mi compañero, mi amor, mi todo.

Saber que tú me ayudarás me da tranquilidad y confianza. Si tú estás contigo, no tendré nada que temer. Bueno, mi amor, llegó la gran noticia, a las cinco de la tarde de hoy, 21 de abril, nació tu primer sobrino.

Es hermoso, pesó 7.5 libras, midió 21 pulgadas y tiene el pelo y los ojitos color negro.Él bebe está saludable y todos estamos bien contentos. Papi y mami llegaron y también se han gozado elmomento. José está tan contento y emocionado. Fue algo bien especial y al fin al cabo el doctor tuvo que hacerle la cesárea porque no dilató lo suficiente.

Ahora ella está en la sala de recuperación y los demás fueron a descansar algo para venir en la noche. Mami se va a quedar a cuidar de Evelyn.

En familia decidimos que cuando la den de alta, ella se quedará en mi casa, así nosotros nos ocupamos de cuidarla a ella y al bebé. Además, invitamos a Josépara que cene todos los días con nosotros.

Mi amor, muchas felicidades. En la próxima carta espero poder enviarte fotos de tu sobrinito y nuestro futuro ahijado.

Te ama, tu esposa contenta

Carta No. 52 | **25 de abril de 1991**

Título: No me canso de repetirte lo mucho que te amo

Mi vida, mi lucero y mi corazón de batata mamella:

Evelyn y él bebe se están quedando aquí desde el día que salió del hospital. José va y viene. Todos estamos muy contentos y ella se siente en confianza. Tu hermana nos dice que está asombrada porque en tan poco tiempo se siente bien aquí compartiendo en familia con nosotros.

Yo estoy muy agradecida a Dios, pues como tú dices, no solo hay amor entre nosotros sino también entre nuestras familias, lo cual es muy importante para mí. Nuestro sobrino se llamará Eugenio Fernando y tú y yo seremos los padrinos de bautismo. Además, tu mamá vendrá el sábado a ver a su primer nieto.

Amor, ¿Te había mencionado que me haces mucha falta? Sí, lo sé, te lo repito y te lo repito como los locos. Bueno, pero no importa, déjame decirte otra vez. Sinceramente, yo no tengo vida si tú no estás. Si salgo me deprimo porque tú no estás y es algo que no puedo evitar, por eso mejor me quedo tranquila en casa. Lo malo es que a veces siento que lo único que hago es trabajar y correr de aquí para allá y de allá para acá haciendo la misma rutina. Es mejor que cambie el tema, no quiero preocuparte más de lo que estas. Mejor me concentro en que cada día más es un día menos a la fecha en que regreses. Dios solo sabe cuánto más seré capaz de soportar y resistir la espera. Por lo menos, ya casi termina abril y mayo pasará rápido. Dios me ayude a tener una fe madura para que juntos en el futuro se pasemos como herencia a nuestros hijos. Y les enseñemos que con fe y poniendo a Dios primero se puede superar cualquier prueba. Yo te amo y te lo he dicho tanto que ahora te lo digo en inglés. "I love you forever; without you, I can't live. You are my everything." Ja, Ja, creo que me expreso mejor en español.

Bueno, ya te dejo, esto fue una pequeña demostración de cómo voy manejando la espera que desespera. Cuídate mucho

Te ama, tu esposa al borde de la locura

Titulo: Nada será peor que vivir en el desierto separado de ti

Mi Flaca maravillosa:

Gracias por tantas cartas bellas y por amarme de una forma tan especial, con ternura, entrega y sinceridad.

Me llegaron los cheques a tiempo y vamos a comprar el sistema de música. Sé que te va a gustar. Por favor deposita $100.00 en la cuenta de cheques. Eso será más que suficiente. No te preocupes por el descuido que provocó que mi cheque rebotara. Yo sé que no fue tu intención, y gracias por llamar a la tarjeta de crédito y explícales lo que pasó. Ya ves, vamos ganando experiencia, porque la vida matrimonial, consiste en amarnos, trabajar unidos y en armonía para alcanzar nuestras metas y para atender cualquier situación o problema que nos surja. **Imagino que ningún problema será peor que vivir en el desierto separado de ti.**

Como siempre quisiera darte la buena noticia de que ya sabemos cuándo terminaremos nuestra misión aquí, pero no hay nada concreto. Hacerlo bien para terminar a la brevedad posible es la mejor estrategia, pues sin misión no tiene sentido mantenernos aquí.

Mi vida, me llegó el paquete, gracias. Un paquete tuyo es como recibir un regalo de Navidad repleto de sorpresas y energizado con las buenas vibras de tu amor. Te confieso que a veces imagino que estas a mi lado abriendo el paquete, sonriéndome y dándome aliento.

Por favor, cuídate mucho, descansa y no te pongas ansiosa por mi llegada, todo estará bien. Tranquila, que Dios tiene el control y nos tiene muchas cosas lindas para nuestro futuro unidos en matrimonio.

Te ama, tu esposo combatiente

D. MAYO: **DIARIO, IMÁGENES Y CARTAS**

1 de mayo

Durante el trabajo de quemar la basura y los excrementos el viento cubrió el campamento con humo y se molestaron conmigo como si yo controlara la dirección del viento. Compré un monitor de computadora por $250, más $26 de envío. De los 33 soldados de nuestra unidad inicial, solo quedamos 25, varios han salido por diferentes razones.

Nota del autor: Durante los meses de mayo y junio de 1991, el ejército de los Estados Unidos concedió permisos especiales a varios compañeros para regresar temporalmente a Puerto Rico y asistir a eventos significativos, como graduaciones de hijos o esposas. Estos pases implicaron una considerable inversión en términos de costos y logística, ya que transportar soldados desde Arabia Saudita hasta Puerto Rico requería una planificación meticulosa. En esta nota deseo destacar la importancia que el ejército atribuye a la familia como núcleo de apoyo emocional y moral para sus soldados.

Igual ocurrió con dos compañeros que recibieron pases para estar presentes en el nacimiento de sus hijos. Al priorizar estos valores, el ejército demuestra que incluso en tiempos de guerra, los lazos familiares son esenciales para mantener la moral y el espíritu de quienes sirven. Desde mi perspectiva, ese compromiso es una de las razones principales para ser el mejor ejército en el mundo.

2 de mayo

Día libre tras la guardia. Una tormenta de arena comenzó temprano y se extendió durante todo el día. Los soldados que tuvieron guardia bajo la tormenta la pasaron muy mal.

3 de mayo

Otra tormenta de arena comenzó en la mañana y terminó por la tarde. Llamé a mi hermana y discutimos el libro de macrobiótica. Recibí dos cartas de Barby: una sobre el parto de mi hermana y otra llena de amor y ánimo. (Cartas 51 y 52 abril).

4 de mayo

El general de logística respondió a los problemas planteados por nuestra unidad. Corrí 10 minutos para ejercitar mi rodilla. Recibimos nuevas tarjetas de identificación y trabajé hasta tarde con el sargento Alfa en labores administrativas.

6-7 de mayo

Tuve tareas de limpieza general y ayudé a preparar instalaciones para un concierto de rock. Fui al gimnasio para liberar estrés y escribí una carta a mi esposa, soñando con nuestro reencuentro.

8-9 de mayo

Hice guardia en un día despejado y soñé despierto con Puerto Rico y mis planes futuros. Corrí con el soldado Oscar para liberar tensiones, pero lego me lastimé la espalda trabajando. Pedí a Dios fortaleza para soportar la incertidumbre.

10-11 de mayo

Comenzamos a redactar una tarjeta 3x5 para el general, solicitando regresar pronto a casa. Llamé a Barby y hablé también con mi suegro, cuya sabiduría siempre aprecio. Fui a servicios médicos por mi dolor de espalda, que será evaluado con radiografías.

12 de mayo

Estrenamos el BBQ con una fiesta improvisada, cocinando oveja y pollo al carbón. Jugamos voleibol, dardos y domino para relajarnos. Le dimos un regalo a la sargento Indiana por el Día de las Madres, emocionándola mucho.

13-14 de mayo

Dormí en el DOMO y luego me mudé a una oficina con aire acondicionado, un gran alivio. Fui al crucero en Dhahran por tres días, un cambio radical tras meses en el desierto. Llamé a Barby y hablamos por más de una hora.

15-18 de mayo

En el crucero, disfruté de las comodidades y exploré Bahréin, comprando fragancias para mi hermano como una posible idea de negocio. Perdí mi billetera, pero tras una búsqueda intensa, la encontré en el comedor con la ayuda de Dios. Escribí a Barby y reflexioné sobre nuestra luna de miel.

19 de mayo

Regresé al campamento tras un viaje tranquilo. Recibí tres cartas de Barby que me llenaron de alegría y también me preocuparon porque puedo sentir su angustia por la espera. (Cartas 55, 56 y 58).

20-21 de mayo

Hice guardia y me mudé al vagón es que es mi taller de trabajo y oficina con aire acondicionado. Esto fue una bendición en el desierto.

22 de mayo

Día libre. ¡Por fin llegó la noticia esperada: nos vamos no más tarde del 10 de julio! Estaba eufórico y deseaba darle la noticia a Barby y la llamé al trabajo. Sin embargo, cuando logré comunicarme con ella, noté algo extraño en su voz, estaba fría y distraída, lo que me dejó apenado y perplejo. Había esperado tanto para esta noticia, y cuando llegó, sentí que no pude compartirla como quería. Seguro le pasaba algo que luego me dirá.

Nota del autor: En la carta número 63, mi esposa explica la causa de su reacción cuando la llamé a su trabajo, lleno de euforia, para darle la buena noticia de que ya teníamos la fecha de regreso. Luego de este evento yo quede confundido y triste. Situaciones como esta reflejan cómo las expectativas pueden contrastar con las reacciones reales, generando emociones. Entonces es importante aclarar el evento para evitar malentendidos o conflictos a base de suposiciones. ¡Gracias a Dios todo se aclaró!

23 de mayo

Recibí la segunda carta de la abuelita de mi esposa, que siempre me anima con su dulzura. Me siento muy a gusto en mi nueva oficina, donde puedo leer y escribir cartas con comodidad. El soldado Hotel regresó de su pase y compartió que todo estuvo bien. El soldado Sierra se fue a Puerto Rico para asistir a la graduación de su esposa, y el soldado Kilo fue a Dhahran para recibir tratamiento en la mano.

24 de mayo

Recibí una carta de la senadora Victoria Muñoz. La contesté hoy como un gesto de profundo agradecimiento.

25-26 de mayo

Envié carta y más paquetes a Barby con recuerdos y fotos. La rutina sigue pesada, pero la noticia de que podríamos salir en julio da un poco de esperanza. Recibí una carta de Barby sobre el Día de las Madres, donde expresa su deseo de ser madre y su instinto maternal. (Carta 61)

27-28 de mayo

La monotonía del viento, el polvo y el calor sofocante continúa. Recibí un paquete de Barby con un video, dulces y el contrato del apartamento. Aunque no pude ver el vídeo, saber que se esfuerza tanto por mantenernos conectados me llena de gratitud.

29-30 de mayo

El soldado Lima regresó lleno de alegría tras su pase en Puerto Rico. Tumbamos una caseta de guardia, un trabajo agotador pero liberador. Envié una orden de perfumes a Bahréin para seguir explorando ideas de negocio.

31 de mayo

La unidad con la que compartimos el campamento está lista para irse. El soldado Oscar tuvo un accidente encendiendo el BBQ. Aquí hasta lo más simple se convierte en un peligro para nuestra seguridad. Llamé a mi hermana y hablé sobre los planes para la boda. Comencé a hacer rótulos para una división que viene de Alemania.

4.9 Barby con Eugenio Fernando, hijo de mi hermana Evelyn

4.10 Viaje en crucero a la isla de Bahréin

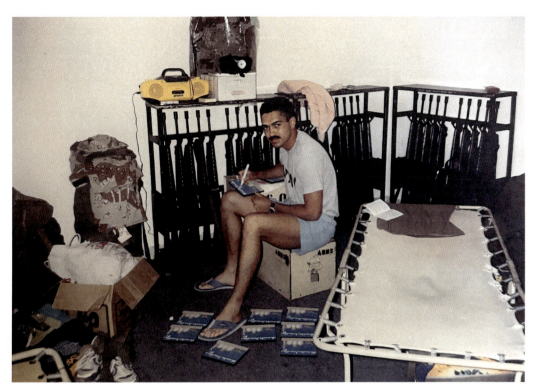

4.11 Haciendo las artesanías conmemorativas de la misión

4.12 **Última** foto en el Campamento K

Titulo: Atrapado y preocupado por la salud de mi esposa

Amada esposa en la batalla:

Hoy es 1 de mayo y aún no sabemos con seguridad cuándo nos vamos. Como siempre, todo está sujeto a cambio. Lo último que se nos ha dicho es que nos vamos a finales de agosto. ¿Te imaginas cómo nos sentimos? La gran mayoría estamos abatidos y nos sentimos atrapados sin control de nuestras vidas. Es como que la vida no te diera la oportunidad de hacer lo que realmente quieres hacer. Como verás, estamos pasando por un momento difícil que requiere que seamos fuertes mental y físicamente.

Yo te pido, mi vida, que no te dejes deprimir por esto, ni mucho menos descuides tu salud. Aliméntate bien, descansa como mínimo seis horas diarias, y no permitas que pensamientos negativos se alojen en tu mente. Todo va a estar bien, lo peor ya ha pasado. No anticipes hechos ni mucho menos pienses que todo podría empeorar o estar por pasar. Yo insisto en que la pases lo mejor posible. Distráete, sal con las muchachas a la playa, al cine, al Viejo San Juan, esos lugares que disfrutas.

No te preocupes por lo que diga la gente, "Mírala cómo se divierte y el esposo está fastidiado en el desierto." Mi vida, nuestro amor va más allá de lo convencional. Yo aspiro a ser importante en tu vida, pero que mi ausencia no se convierta en motivo para que se afecte tu salud emocional y física. Por favor, te lo pido y espero que ambos cuidemos de nuestro amor y continuemos luchando para vencer esta situación que es difícil, pero no será para siempre. De hecho, cada día que pasa es un día menos para nuestro esperado reencuentro.

Mi amor, me gustaría, a mi regreso, verte radiante de felicidad como de costumbre. No me demuestres tu amor dejando de comer, encerrándote en la casa o preocupándote mucho por mí. Estaremos bien y lo peor ya pasó.

Bueno, mi vida, arriba corazones, que lo mejor está por llegar. Prepárate para ese momento.

Te ama, tu esposo desesperado

Carta No. 55 | 01 de mayo de 1991

Título: Te pienso tanto que tus recuerdos se hacen vida en mí

Mi mayor tesoro, mi dulce amor, mi adorado esposo:

Me parece que hace como un mes que no te escribo. Tu recuerdo siempre está latente y no se aparta de mi ser. Eres mi paz, mi primavera y estas presente a cada minuto y a cada hora. Cada día me siento más orgullosa y agradecida por ser tu esposa.

¡Por fin, ya estamos en mayo! Abril fue un mes largo, por la impaciencia que me causa la espera sin poder hacer nada, solo esperar y orar. Veremos cómo se va mayo, pero con esta ansiedad que tengo siento que también será un mes largo y lento. Mi realidad es que todo se me hace eterno sin ti. Espero tanto el momento, que cuando me llames para decirme el día de tu regreso, ¡no podré creerlo!

No sabes cuanto te necesito, no sé qué más hacer para calmar mi alma inquieta. Ya estoy hasta alucinando, hoy sentí como si tu mano tocara mi rostro y acariciara mi cabello como tu acostumbras. Fue tan real que en respuesta intenté besar con ternura los dedos de tu mano, pero fue en vano, pues solo fue una bella ilusión. Así estoy alucinado de que estas aquí junto a mí. Te pienso tanto que tus recuerdos se hacen vida en mí.

A veces veo en las noticias de la televisión sobre el regreso de soldados y siento la esperanza de que tu unidad será la próxima. Tengo planes de llamar a las oficinas de la reserva del ejército y comunicarme con el comité que está organizando la bienvenida de las tropas para ver si saben algo que nosotros no sabemos.

Nuestro sobrinito crece cada día y cuando estoy con él me viene la ilusión de tener nuestros hijos. Seremos muy felices, pero ahora lo más que deseo es que vuelvas y tener tiempo para amarnos tranquillos y en paz. No sé si mis palabras alcanzan, pero, siempre te quiero que en la distancia sientas mi vida y aunque aún no llega el día de tu regreso te envío en cada frase mi calor.

Te ama, tu esposa alucinando por ti

Carta No. 56 — 02 de mayo de 1991

Título: Ya se acaban y faltan las palabras para llenar el vacío

Mi amor y mi bálsamo:

Hoy recibí tus fotos. No te puedes imaginar cuánto te lo agradezco. Te extraño profundamente, y cada vez que miro tus fotos, siento que el momento de abrazarte de nuevo está más cerca. En las fotos te ves guapísimo, y no puedo esperar a tenerte aquí. Siempre estoy contigo en espíritu, apoyándote con el mismo amor de siempre. Un día como hoy aproveche para escuchar nuevamente el casete que me enviaste para escuchar tu voz y sentirte cerca diciéndome palabras tan bellas y sinceras. Eres mi verdadero amor, mi soldado favorito, y nadie puede ocupar tu lugar en mi vida. Me siento muy orgullosa de ti, y ese sentimiento solo crece cada día.

Confío en que Dios nos ayudará a ser mejores y fortalecerá nuestro matrimonio. Estoy agradecida porque sé que volverás pronto, en menos de un mes y medio. No puedes imaginar lo mucho que eso significa para mí; te necesito y deseo tanto que las palabras ya no bastan para expresar todo lo que siento.

Aquí todos estamos bien, tratando de cumplir con nuestras tareas. Incluso, llevo mucho tiempo sintiéndome débil y fui al médico para una revisión. Gracias a Dios todo salió bien, parece que son asuntos del corazón y la mente, pero físicamente no hay de qué preocuparse

Te amo con todo mi ser y significas tanto para mí que no me cabe en el corazón. Sin ti vivo, pero no existo. Ese vacío es tan grande que siento que ya se me acaban y me faltan las palabras para llenarlo. Aquí estaré anhelante, esperando impaciente, pero con amor y fe en nuestro pronto reencuentro.

Te ama, tu esposa sin más palabras

Título: Planes y cuidados desde la distancia

Amada flaquita con curvas:

Te había pedido que me enviaras unos cheques porque quería comprar un equipo de música, pero no pude hacerlo. Cuando fui al PX – tienda militar, la sección de catálogos había sido cerrada. Si queremos comprar el equipo, tendría que ser por correo y sin el descuento "Desert Storm." Me gustaba mucho el sistema, pero ya veremos si conseguimos algo parecido más adelante.

Sin embargo, aproveché la situación. Como la sección de catálogos estaba cerrada, comenzaron a vender lo que tenían en exhibición. Entre los productos había una impresora de computadora que costaba $320.00. Me gustó mucho y le ofrecí al vendedor $250.00. Para mi sorpresa, aceptó, y la envié rápido a tu casa. Todo salió por $276.00, ¡un tremendo precio! Quizás esta carta llegue después del paquete. Ya tenemos una impresora, ahora solo falta la computadora. Estoy seguro de que nos ayudará mucho en nuestro crecimiento profesional.

Estoy bien contento con la compra y sé que tú también lo estarás. Solo asegúrate de guardar la impresora en un lugar seguro y que no esté demasiado caliente.

Este año va volando; ya estamos en el quinto mes. Como tú dices, los días parecen más cortos, y cuando estemos juntos, pasarán aún más rápido.

Insisto en que te cuides, descanses y te alimentes bien. Por favor, hazlo por nosotros. Yo también me estoy cuidando mucho por nosotros. Descanso, tomo mucha agua, y evito dulces y sodas. Aunque no me he pesado, siento que estoy en mi peso natural, igual que cuando nos conocimos. Quizás te preguntarás por qué insisto tanto en que te cuides, pero la razón es simple: te amo.

Por aquí, de los 33 que llegamos, solo quedamos 25. Los otros se han ido por distintas razones. Ahora, somos menos, pero seguimos trabajando duro para terminar e irnos lo más pronto posible.

Te adora, tu esposo impaciente.

Carta No. 58 — 04 de mayo de 1991

Título: Me preocupa que no llegues a tiempo a la boda

Querido esposo,

Espero que al recibir esta carta te encuentres bien y en paz. Sigo confiando en Dios, pues Él nos da la fortaleza que necesitamos para continuar.

Hoy fui de compras con mi mamá y conseguimos la tela del traje de boda y algunas aplicaciones. Gracias a Dios, salió todo bien y a buen precio. Mi mamá está muy contenta, y todos en la familia están emocionados. Siempre quise vivir esta experiencia con ella; sé que la hace feliz. El viernes, cuando fueron a tomarme las medidas, me dijo que estaba "bien feliz". Yo también lo estoy, porque Dios sigue regalándonos bendiciones.

La fecha de tu regreso es incierta y no está en nuestro control, así que debemos mantener la calma, y confiar en Dios para que llegues lo antes posible. Me preocupa que no estés a tiempo para nuestra boda, pero me mantengo orando a Dios para que los que toman las decisiones te regresen ya.

Aunque estoy rodeada de gente, a veces siento un vacío que solo tu recuerdo en mi puede llenar. Es como si nuestro amor no tuviera límites; la distancia no es barrera para nosotros. A veces, voy al apartamento y me siento en el piso, imaginando que estás a mi lado, refrescando mi corazón. Oro para que esos momentos nos sostengan hasta tu regreso.

Eres tú quien hace que mi corazón se sienta completo. Extraño tu presencia y tus abrazos. Confío que pronto estarás aquí para terminar esta espera y comenzar a disfrutar nuestro amor en paz y sin obstáculos.

Bueno, mi amor, me despido por ahora. Le pido a Dios y a la Virgen que te cuiden siempre y que regreses pronto para disfrutar juntos de las bendiciones que nos esperan.

Te amo mucho, tu esposa

Título: La cuenta regresiva del reencuentro

Esposita chula:

Mi chica preciosa, cada día que pasa es un día menos que nos separa. Pronto podremos dar rienda suelta a nuestro amor y entregarnos totalmente el uno al otro. Me haces tanta falta, te necesito a mi lado, sentir tu corazón latir fuerte contra el mío cuando nos fundimos en un abrazo. Qué alegría saber que me esperas pacientemente, con fe en Dios y en nuestro amor. No te preocupes, sabremos cuidar de nosotros y de nuestro matrimonio por siempre. La salud, la felicidad y el amor nos acompañarán donde quiera que vayamos. Adoro los bellos recuerdos que tengo tuyos y todos los sueños que aún nos faltan por vivir.

Hoy recibí tu carta del 21 de abril, mientras estabas en el hospital cuidando de mi hermana y nuestro sobrinito. Fue emocionante sentirme parte de la escena. Gracias por pensar en mí y narrarme ese momento tan importante. Ya me imagino llevándome al bebé para el apartamento con nosotros; cada hijo de mis hermanos será como nuestro, y así seguiremos fortaleciendo nuestra familia. Dios nos ayudará en ese propósito.

Estoy muy contento con la compra de la impresora y con la próxima compra de la computadora. Por fin veo otro sueño hecho realidad para nuestro desarrollo profesional.

Por favor, envíame una copia del contrato del apartamento y un recibo de pago; lo necesito para gestionar un ajuste en mi salario. Esto podría significar unos 40 o 50 dólares adicionales al mes. Quiero tener un plan de contingencia por si nos quedamos hasta agosto. No te alarmes, todo saldrá bien.

Por cierto, pensé en pedirle a la dueña del apartamento un descuento por el tiempo que no estaremos. Esto sería equivalente al ahorro en agua y luz. Ya sabes que me gusta negociar, y creo que podemos ahorrar algo.

Mi vida, déjame esta gestión a mí. Envíame el nombre y teléfono de la dueña, y yo me ocupo de negociar.

Te adora, tu esposo negociador

Carta No. 60 | 09 de mayo de 1991

Título: Yo sonrío, pero en el fondo siento que ya no puedo más

Mi amor:

¿Sabes que mi jefe y mis compañeros de trabajo están locos de que tú llegues, a ver si me tranquilizo? Últimamente he estado irremediablemente ocupada en el trabajo, todo ha llegado casi a agotarse, y no puedo soportar la presión. Mi jefe me lo soporta todo, pero me dijo hace unas semanas que tenía que controlarme. Aunque en esta semana se han revisado los papeles, él tiene mucha más paciencia y entereza que yo. A veces me quedo horas después de mi turno y, aunque intento disimularlo, él nota en mi cara que me siento agotada y que las preocupaciones me consumen. Yo sonrío, pero en el fondo siento que ya no puedo más.

Esta semana he tenido otra enfermedad, pues me duele y siento algo dentro del pecho que me quema. He tomado fuerzas para sobrevivir a esta carga y los nervios. Estoy consciente de que soy fuerte y que debo ser paciente, pero soy humana y a veces me siento desbordada. Se me acaban las fuerzas, todo parece desmoronarse a mi alrededor, y siento que necesito tiempo para descansar y sanar.

Amor, casi me arrepiento de enviarte esta carta, pero necesitaba desahogarme. A veces, siento que no me escuchan, y aunque quiero mantener una sonrisa y ser fuerte, todo esto me afecta más de lo que parece. Cuando llegues, todo cambiará. Solo pienso en ese día para poder encontrar nuevamente mi paz y estabilidad.

Te necesito conmigo. Faltan dos meses para que vuelvas, e intento con todas mis fuerzas estar tranquila. Dios me lo reveló, y sé que el tiempo de tu regreso se acerca. Te espero con ansias, y mientras tanto, Dios está conmigo y me da fuerzas para seguir adelante.

Te ama, tu esposa fortalecida

Carta No. 61	12 de mayo de 1991

Título: Celebrar sin ti no es celebrar

Mi amado corazoncito,

Fíjate, mi vida, hoy, Día de las Madres, recibí felicitaciones porque decían que soy una madre con gran potencial. Aquí, como siempre, la pasamos reunidos en familia, comiendo y bebiendo. Aunque mami estaba un poquito triste porque mi tío y su esposa decidieron irse a vivir a los Estados Unidos. Marian se va en junio y luego tío Roberto se va en agosto. Nosotros nos quedamos solitos. Yo le dije a mami y a abuela que no se preocupen, porque ahora vienen los nietos, la nueva generación, con todos los hijos que Dios nos conceda tener.

Ayer fuimos a ver a tu hermana y al bebé. Nuestro sobrino es bello y la tienes loca. Hoy llamamos a tu mamá para felicitarla. Ella pensaba venir para acá y estar en el rezo, pero después no se pudo.

El viernes estuvimos en la boda de Frances; salimos corriendo porque pensaba que llamarías, pero no llegué a tiempo por desgracia. La boda estuvo bien, pero si tú no estás, no me importa mucho. Es algo que no puedo evitar; me haces muchísima falta. No sé cómo pasar estos tres meses que faltan. Estoy loca de que estemos juntos otra vez.

Lo que es, lo que pasa, nunca había tenido una amistad como la tuya. Alguien que en realidad me empezara a querer, como soy, sin hacer mucho esfuerzo de mi parte para gustarte. Casi no podía creer cuando me dijiste que me amabas. Creía imposible que alguien llegara a decirlo.

Me acostumbré a ti poco a poco. Y ahora no sé qué me pasa, pero tengo que hacer algo para motivarme y estar bien para tu regreso.

Te amo muchas veces. Que Dios nos dé la paz y la alegría de sabernos hijos bendecidos por Él, amados y creados para amar.

Cuídate mucho, te necesito más que todo lo que me rodea.

Te ama, tu esposa que te extraña

Titulo: ¿Cómo sería mi vida si no te hubiera conocido?

Bomboncito sabroso:

Mis huesitos adorados, mi vida, recibe besos y abrazos de tu esposo, que te ama cada día un poco más. Ni la distancia ni el tiempo han podido ni podrán impedir que nuestro amor siga creciendo. Eres tan especialmente dotada de tantas cosas que me encantan. Me tienes perdidamente enamorado con el bombardeo de amor que me das a través de tus cartas, por teléfono, y en tus pensamientos que llegan a mí a través de la brisa suave y fresca. A veces me pregunto cómo sería mi vida si no te hubiera conocido, y estoy seguro de que nada pudo haber sido mejor que conocerte, enamorarnos y casarnos. Estoy tan orgulloso de ti y de todo lo que representas. Qué bueno que te tengo a mi lado hoy, mañana y siempre.

Ya pronto cumplimos seis meses de haber sido activados, y la ansiedad aumenta casi tanto como el calor. Necesito calma, serenidad y un poco de tolerancia. También te necesito a ti, tranquila y confiada en que pronto estaremos juntos, disfrutando de nuestro amor y protegiéndolo como nuestro mayor tesoro. Si vuelven los días difíciles, los enfrentaremos tú y yo, firmes y seguros de lo que queremos.

Mi amor, mi mayor admiración es ser tu amigo, amante, confidente y esposo. Eres maravillosa y haré todo lo posible por ser merecedor de tu amor.

Mi hermana me envió unas fotos de la boda. Las que tú tomaste quedaron muy bien. En una de ellas, estás tú, mami y mi hermana, las tres mujeres más importantes en mi vida. Y tú te ves hermosa con tu pelo largo y suelto, que ganas me dan de acariciarlo. El traje te queda muy bonito y te ves bellísima.

No hagas caso a quienes hablan sobre fulanita o menganita; ya quisieran ser tan bellas como tú. Cuídate, aliméntate bien y descansa. Hazlo por mí.

Te adoro, tu esposo orgulloso.

Carta No. 63 **22 de mayo de 1991**

Título: Cuidando la salud física y emocional para tu regreso

Mi amor,

Hoy, he tenido algunas citas médicas para cuidar mi salud. Aunque a veces me siento vulnerable, sé que Dios me da las fuerzas necesarias para sobrellevarlo. No te preocupes, estoy tratando de mantenerme fuerte y cuidarme lo mejor posible. Estoy tratando de comer mejor y estoy evitando los dulces, aunque te confieso que la ansiedad me da un antojo terrible de comer dulces.

Quiero también disculparme por mi reacción hoy cuando me llamaste al trabajo para darme la buena noticia de la fecha de tu regreso. Realmente no sé qué me pasó. Me sentí muy feliz por la noticia, pero a la misma vez como que se me mezclaron todos mis sentimientos: alegría, tristeza, ansiedad, emoción, y quedé como en un estado de shock. Lo lamento, y quiero que sepas que esa noticia me llenó de felicidad, aunque no lo expresé como debía.

La semana pasada, tu mamá tuvo una pequeña complicación, pero gracias a Dios se ha recuperado. Evelyn, tus hermanos y yo hemos estado muy pendientes de ella, especialmente en este tiempo que es difícil para todos.

Mi jefe y mis compañeros están deseando verte regresar, porque saben cuánto me afecta tu ausencia. A veces, cuando el estrés y las preocupaciones se acumulan, siento que necesito tu apoyo más que nunca. Sin embargo, sonrío y me esfuerzo, sabiendo que este sacrificio tiene un propósito.

Esta carta ha sido sobre temas de salud y nutrición. Me alegra que lo hablemos, porque mi meta es formar una familia saludable. Gracias a Dios mi mamá siempre se ha preocupado por darnos la mejor nutrición. Ese es mi ejemplo para seguir, porque así lo viví y así lo aprendí. Ahora, me toca velar por ti y nuestra familia.

Aprovecharé para descansar.

Te ama, tu esposa que vela por nuestra salud

Titulo: La luz luego de la tormenta y el inicio de nuestro futuro

Mi adorada esposa:

¡Besos y abrazos! Como te dije por teléfono, tenemos una nueva fecha de regreso: del 4 al 10 de julio. Esto significa muchas cosas. Podemos casarnos el 20 o el 21 de julio, podemos ir preparando nuestra luna de miel y podré comenzar en la universidad en agosto. No sabes qué feliz me siento, porque pronto podré tomar control nuevamente de mi vida y ahora junto a una maravillosa a mi lado. Me siento con tanta energía para completar mis planes e inventar mil planes más contigo. Quiero amarte, quiero estudiar, quiero crear, ¡Quiero cuidar de mis seres queridos y quiero superarme cada día un poquito!

Mi vida, yo quiero casarme contigo cuanto antes, pero si la fecha es muy cercana, no hay problema, podemos escoger otra fecha. Podemos esperar un poco más y evitar más estrés y ajetreo del que ya hemos tenido con esta separación. Yo quiero que ambos estemos tranquilos y bien. Yo sé que estás bien atareada con el trabajo y que las decisiones a veces te consumen la alegría y la energía.

Amor ¡vamos a comprar la computadora! Es una gran inversión para nuestro futuro y nuestro crecimiento profesional. Me gustaría que ordenes con la tarjeta de crédito y luego depositaremos $1,600.00 de forma que no nos carguen intereses.

Mi vida, perdona que el sobre esté sucio. Adjunto la orden parcialmente llena, solo faltan el encasillado 2 y 4. Cariño mío, gracias por todo tu amor y tus cuidados. Me alegra tanto tener una esposa tan amorosa, bella e inteligente. Ah, además incluyo una foto de mi último viaje al Golfo Pérsico

Parece que todo va cayendo en su lugar perfecto.

Te ama, tu esposo sonriente

Título: Eres mi fantasía, mi inspiración y mi realidad

Mi fantasía más preciada:

Cielito lindo, mi esposa, mi amor, tengo que tomar la libreta y el bolígrafo para escribirte unas líneas, es tanto el deseo de tenerte cerca que necesito hacer algo para canalizar esta energía que llevo dentro reclamando tu presencia.

Ahora acá son las 8:15 a.m.. En Puerto Rico, deben ser las 1:15 a.m. En este momento, debes estar durmiendo, preciosa, tendida en la cama. El pensamiento me lleva a ti, y sueño despierto que me acerco a ti poco a poco, contemplándote y saboreando visualmente cada palmo de tu silueta perfecta. Allí estás con tu cabello suelto, flotando sobre la sábana de seda y con una expresión de ángel en tu rostro, como si soñaras que estás volando sobre un bosque fresco y perfumado por la primavera. Allí estás, sensual, hermosa, tentadora. Cada línea, cada curva, cada poro acelera mis latidos y calienta mi sangre, pero no quiero perder detalle, no tengo prisa. Cada paso hacia ti activa mis sentidos con más fuerza. Los últimos pasos son una mezcla de emoción, pasión y ternura. Deseo tanto tocarte que me tiembla la mano, y creo que mi corazón late tan fuerte que podría delatar mi presencia. Estoy tan cerca que la ansiedad y la pasión parecen tomar control de mi mente. Ya puedo percibir la fragancia de tu cuerpo y la frescura de tu piel. "Mi amada esposa, te adoro tanto", te grito en mi mente, mientras me inclino hacia ti, creo no podré más, solo me resta ese primer contacto, suave, aunque tengo que controlarme, velando todo detalle para que el encuentro sea, tierno y apasionado, liberando todo este sentimiento limitado por la distancia.

¡Quiero disfrutar un poco más de la magia del momento, no quiero que cambie tu expresión, quiero que mi llegada sea parte de tu sueño, no quiero despertarte, quiero soñar contigo la realidad de nuestro amor! ¡Ya mis labios húmedos y sedientos están a centímetros de tu rostro 3-2-1 y en un segundo expreso mi amor en un beso en tu mejilla y como un capullo de flores despiertas ante la calidez de mi cuerpo! Entonces sonríes al verme y me abrazas fuerte como si no te sorprendiera mi presencia, como si el momento fuera la continuación de tu sueño. Entonces nos miramos fijamente sin parpadear, irradiando destellos de felicidad, se te escapa una lágrima, como la que brotó cuando te pedí que fueras mi esposa y nos fundimos en un beso, nos acariciamos poco a poco, piel sobre piel, latido contra latido, sincronizados por un amor victorioso ante la batalla más fuerte. Nos entrelazamos en cuerpo y alma, triunfantes al ser fieles al juramento que hicimos cuando nos casamos.

Mi vida, Dios es Grande y Bueno, todo estará bien y pronto te tendré entre mis brazos. Nuestro matrimonio tiene y tendrá todo ese balance perfecto entre la realidad y la fantasía, porque nuestro amor se lo agradecemos a Dios y se alimenta con cada detalle que nos regala en estas palabras que no se llevará el viento.

Aquí te envió una foto montado en un camello regálasela a tus abuelos.

Te ama, tu apasionado soñador

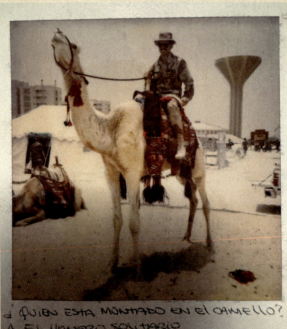

4.13 La foto que no podía faltar.

Título: Misión cumplida y reencuentro a la vista

Amada Esposa:

Hoy compré una colcha para la cama, me gustó demasiado. Ja, Ja, quizás es que tengo tantos deseos de estar contigo en la cama (doble sentido) que lo intenté controlar comprando la colcha. Es bien suavecita, casi igual que tú, y estoy seguro de que tendremos momentos maravillosos revolcándonos y jugueteando sobre ella. ¡Ah! Ayer te envié otro paquete con varias cositas, entre ellas un perfume de buena marca. Sé que te va a gustar. También envié un pañuelo para que sepas que nuestra fragancia armoniza también, con la bendición de Dios lo usaremos en la boda. Lo más seguro es que esta carta llegue primero que los paquetes.

Mi vida, mañana 27 cumplimos 180 días en el servicio activo. Ahora soy un veterano en términos de elegibilidad para beneficios. Siento satisfacción por haber cumplido la misión y haber dado un buen servicio. Gracias a Dios, siento que juntos hemos vencido y pronto podremos comenzar un nuevo capítulo para nuestras vidas.

Te recuerdo el consejo de una señora que le comentó a tu madre que eso de casarte con un soldado que va para una guerra era bien delicado, porque pueden llegar enfermos, desajustados mentalmente o inválidos. ¡Qué bueno que ese comentario no influyó en ti y aceptaste casarte conmigo! Besos y abrazos por creer en mí y confiar en Dios. Fue una gran muestra de amor de tu parte.

Aquí estoy más tranquilo y cómodo. Creo que es la primera vez que me siento así desde que llegué aquí. Tengo mi oficina con aire acondicionado, mesa, silla, puedo escuchar jazz moderno y hasta tengo un catre para dormir por la noche. No es por alardear, pero el coronel y yo somos los únicos que tenemos estas comodidades. El sargento Papa tiene su oficina, pero no duerme en ella. Con toda humildad, le doy gracias al Señor Jesucristo por esto y todas sus bendiciones para conmigo.

Bueno, mi vida, si tienes tiempo y las presiones del trabajo te lo permiten, puedes seguir escribiéndome hasta el 10 de junio, pues salimos del campamento el día 24 hacia Dhahran, donde empacaremos equipo y tomaremos el avión del 4 al 10 de julio. Te adelanto que voy para allá bien cariñoso.

Te ama, tu esposo feliz y confiado

E. JUNIO: **DIARIO, IMÁGENES Y CARTAS**

1 de junio

Tuvimos una formación para despedir a dos unidades con medallas y premios. Un oficial recibió la "Bronze Star". Espero que alguien de nuestra unidad sea reconocido, pues hemos trabajado arduamente en dos misiones exitosas. Terminé los rótulos y los vinieron a recoger.

2 de junio

Nos dijeron que podríamos salir el 28 de julio. Todos trabajamos motivados: recogiendo, demoliendo, limpiando y organizando inventarios. Nos mudamos a los DOMOS para comenzar a desmontar las casetas. Recibí una de mis cartas favoritas de Barby. (Carta 67).

> **Nota del autor:** Todas las cartas de mi esposa me encantan y enamoran. La Carta 67 es una de mis favoritas, porque es una joya, con un equilibrio perfecto entre ternura, humor, pasión y romanticismo. Ella me sorprendió. Primero me preocupó con su condición de salud y luego me hizo reír a carcajadas. Me encanta cuando mi esposa se pone juguetona y expresa su buen sentido del humor. Me hizo el día con "Espositus Extrañitis Crónica" y me provocó un deseo ardiente de abrazarla y bromear con ella.

3 de junio

Primer día en el DOMO, pero la música causa discordia entre nosotros. Tumbamos tres casetas y lo disfrutamos, aunque el oficial Foxtrot cuestionó nuestra decisión. Seguimos adelantando para salir pronto. Envié una carta a Barby explicándole los preparativos para salir de aquí y el valor de sus cartas (Carta 68)

4 de junio

Otro día de trabajo intenso. Limpieza, entrega de equipo y organización. Varios soldados que asistieron a graduaciones regresaron con buena actitud.

5-6 de junio

Nota del autor: La carta no. 71 nunca fue enviada porque, al desmontar el campamento, no teníamos una dirección postal y le pedí a mi esposa que no me escriba más. Sin embargo, mi esposa continuó escribiendo, encontrando en las cartas una forma de desahogarse, expresar los sentimientos y emociones que surgían ante la espera del anhelado reencuentro.

El trabajo duro continúa entre polvo y calor, pero la certeza de que nos iremos pronto nos da energía. El soldado Charlie fue llevado al hospital y regresó bajo efectos de medicamentos. Por fin pude ver el video que Barby me envió. Era sobre Puerto Rico, con nuestros paisajes, música y cultura.

7 de junio

La reunión con el coronel Victorious 2 fue positiva. Nos confirmó que podríamos irnos antes del 26 de junio. Llevé el documento requerido para gestionar la ayuda para pagar la renta de mayo y junio.

8 de junio

Continúa el empacado, pero se rumora que ocho personas deberán quedarse como parte del equipo de retaguardia para enviar los vehículos. Esto genera preocupación en algunos, especialmente el soldado Delta, encargado de la flota.

9 de junio

Llamé a Barby en dos ocasiones para asegurarme de hablar con ella. Me alegró saber que los preparativos de la boda marchan bien.

10-11 de junio

Barby asistió a una reunión en Puerto Rico para organizar nuestra bienvenida. Comencé a vender artesanías con arena encapsulada, generando ingresos para la boda. Hoy hice $65.00 y tengo más pedidos.

12-13 de junio

El calor alcanzó 120°F y nos prohibieron trabajar entre 11:00 AM y 2:00 PM. Las artesanías van bien; reciclo madera para crear recuerdos únicos. He acumulado más de $500 en ventas. Dios es bueno.

14-15 de junio

Compré materiales para continuar con las artesanías y una alfombra para el apartamento. Llamé a Barby, emocionados con la cercanía de nuestro reencuentro. Trabajamos entre risas, canciones y esperanza, sabiendo que pronto regresaremos.

16 de junio

Envié un paquete grande a Barby con regalos y recuerdos. Llamé a mi padre para desearle un Feliz Día de los Padres.

18-19 de junio

Entregamos el campamento a los inspectores del ejército y del gobierno de Arabia Saudita con excelentes resultados. Celebramos el éxito con una comida especial. Estoy listo para volver a mi vida civil.

20-22 de junio

Nos levantamos temprano, empacamos y partimos hacia Dhahran. Me emocioné al recibir la "**Army Commendation Medal**" por servicio militar meritorio. Medite sobre lo afortunado que fui de que mi trabajo fue valorado y logre una medalla importante ante la adversidad. Llamé a Barby y a mi madre; para darles la buena noticia, sus voces siempre me llenan de paz. Todo parece listo para nuestro regreso. Salimos a las 9:15 AM hacia Dhahran, conduciendo una camioneta militar con el sargento Alfa. El viaje fue de 9 horas y 15 minutos. Al llegar, comenzamos a sudar profusamente por la humedad. Estamos cansados y al borde de la deshidratación.

23 de junio

Hoy será la última nota en este diario. Guardaré el libro con mi equipaje, listo para enfrentar el próximo capítulo de mi vida. La guerra deja huellas imborrables, pero también me enseña a valorar el amor, la fe y la familia. Dios siempre estuvo presente.

Nota final del autor: Las notas del diario llegaron a su fin cuando empaqué para dejar el desierto, y las últimas cartas se enviaron justo antes de recibir la noticia de que mi nueva dirección sería el hogar. Esta historia no estaría completa sin narrar el momento de la partida, el regreso, el reencuentro con mi esposa y el inicio de un nuevo capítulo en nuestras vidas. En los párrafos finales, intentaré capturar esos momentos definitivos y ese nuevo comienzo que, por gracia de Dios, nos fue dado como un regalo para la eternidad.

26 de junio: El Regreso a Casa: Un Abrazo Eterno

El ambiente en el avión era pura euforia. Cada rostro compartía la misma sonrisa, la alegría de saber que lo habíamos logrado, que habíamos sobrevivido. Era una fiesta de hermandad, el clímax de un viaje que nos había cambiado para siempre.

Me tomé mi tiempo para arreglarme. Quería estar presentable. Planché mi uniforme con cuidado y coloqué las medallas que me habían otorgado, símbolos de todo lo que habíamos superado. Había perdido peso, unas quince libras desde que llegué a Arabia Saudita. Pero mi mayor preocupación era que, después de tantos meses, mi esposa me viera en buen estado, como el hombre que se había ido, aunque sabía que volvía cambiado.

Salimos de Arabia Saudita y, en el camino a casa, hicimos escala en Shannon, Irlanda, una ciudad reluciente de un verde intenso que me recordó lugares llenos de agua y vida. Luego, otra parada en el aeropuerto de Nueva York. Cada escala era un paso más cerca de ella, de mi hogar. Finalmente, aterrizamos en Puerto Rico. Sentí el aire cálido envolverme tan pronto puse pie en tierra, pero lo más importante estaba al otro lado.

La vi antes de que ella me viera. Su figura alta y esbelta destacaba entre la multitud. Su cabello largo, suelto y rizado brillaba bajo las luces del aeropuerto. Llevaba una blusa blanca y unos mahones que resaltaban su elegancia natural. Todo mi cuerpo se estremeció al reconocerla. Ella estaba preciosa, tal como la recordaba, o quizás más.

El ruido del aeropuerto desapareció. Todo lo que podía escuchar era el latido de mi corazón. Nuestras miradas se encontraron, y en silencio comenzamos a caminar el uno hacia el otro. Al fin, nos fundimos en un abrazo largo, un abrazo que lo decía todo. No hubo palabras, solo risas entre lágrimas. Era como si quisiéramos sincronizar nuestros corazones, borrar los meses de miedo y angustia con ese momento.

Cuando nos separamos, la miré a los ojos y encontré todo lo que necesitaba saber. Su mirada lo decía todo: amor, alivio, felicidad. Nos sonreímos, aunque el nudo en la garganta seguía ahí. Entonces, nos volvimos a abrazar, y esta vez sellamos el encuentro con un beso que había soñado durante meses. Un beso lleno de promesas, de resistencia cumplida y de sueños pendientes.

Después, nos miramos con detenimiento, como asegurándonos de que todo era real, de que estábamos allí, juntos. En ese momento, la levanté en mis brazos y comenzamos a reír, celebrando la victoria de nuestro amor.

Todo el sufrimiento que habíamos cargado se hizo pequeño ante la inmensa felicidad de ese reencuentro. Era una nueva realidad, una eternidad que esperábamos construir juntos.

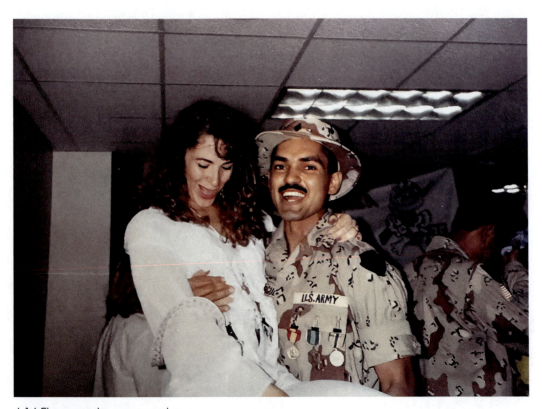

4.14 El esperado reencuentro

Carta No. 67 — 01 de junio de 1991

Título: "Espositus Extrañitis Crónica": Una Rara Enfermedad

Hola, mi amor:

Soy yo otra vez. No puedo dormir pensando en ti; me acabo de tomar un vaso de leche a ver si meayuda. Mami fue a buscar los resultados de los análisis. No tengo nada serio, ¡Sigo igual de buena! Lo que pasa es que tengo una rara enfermedad que llaman "Espositus Extrañitis Crónica" ¿Habías oído algo de eso? Yo no. Los síntomas son muy raros, pero comunes en mi desde que te fuiste. Me dieron un medicamento nuevo algo conocido como "soldadito de chocolate" 1000 miligramos 24 veces al día. Me encantó el remedio y no proteste. ¡Ah! Pero esto es solo un remedio temporero. La cura la tendré solo con un tratamiento intensivo de todos los días durante el resto de mi vida contigo.

Me haces mucha falta. Me gustaría mimarte, coquetearte, acariciarte y besarte todo el tiempo, empezando poco a poco. ¿Sigo? Bueno, te cuento, que ya no puedo enamorarme más de ti, mi amor se desborda, llegó al máximo, estoy casi volviéndome loca. Quiero encontrar una manera de que ocupes menos mis pensamientos para poder funcionar. No sé si hay alguna solución, pero, la verdad, no quiero despegarme de ti, ni por un momento. Entonces, surge la magia de encontrarme con tu amor y tus detalles, a través de tus cartas y verte en tus fotos.

Es algo inevitable. Quiero amarte en un ambiente bien íntimo: una música suave, una luz tenue, un baño caliente (¡muy caliente!), y amanecer juntos. Es una imagen que sueño a diario y pronto se hará realidad.

Quiero prepararme para ti en todos los sentidos, y cuando llegues voy a estar lista, sin dudas. Mientras tanto, espero que el tiempo nos ayude a sanar y a fortalecer esta conexión. Te prometo que así será.

Te ama, tu esposa apasionada

Título: Aleluya, Por fin nos vamos de aquí

Mi esposa en la tormenta y la calma:

La fase final de la cuenta regresiva continúa, y nuestro reencuentro está cerca. Para cuando recibas esta carta, lo estaremos aún más. Qué alegría tener la fe en Dios de que, en un mes, nos daremos ese abrazo tan esperado. Me siento afortunado porque todo lo que he vivido, lo he enfrentado con la intención de fortalecer mi carácter ante la adversidad y aumentar mi Fe.

Tal vez me encuentres cambiado, pero te aseguro que continuaré luchando por serenar mi espíritu y retomar nuestras vidas con más entusiasmo y amor que nunca. Siento que honraré los votos que hicimos en nuestra boda civil y los reafirmaremos ante Dios en nuestra próxima boda por la Iglesia. Tú eres quien me acompañará en este nuevo camino. Con la bendición de Dios, lo viviremos intensamente. Tú eres y serás la motivación de mi vida, y juntos construiremos una familia fundamentada en respeto, amor y fe.

Cuando te pedí que fueras mi esposa, fue una invitación a vivir todo esto juntos. Unidos e invencibles, somos un equipo probado en la batalla. Mi propósito es aliviarte las cargas y animarte a alcanzar tus metas. Tú me has ayudado tanto, y juntos seguiremos enfocando nuestras fuerzas en las cosas más importantes: Dios, la familia y el prójimo.

Gracias, mi amada esposa, por cuidar de ti durante este tiempo de separación. Gracias por tu amor, tus oraciones y tus palabras de aliento, que llegaron hasta lo más profundo de mi ser. Tus cartas son vida, pero ya no me envíes más. Nos informaron que desactivaron la dirección al desmontar el campamento y podrían no llegar. Guárdalas y me las entregas en persona. Leerlas juntos será una experiencia única.

Te ama, tu esposo agradecido.

Titulo: Celebrando las misiones cumplidas y la partida

Amada esposa luchadora y victoriosa:

Mi vida, el día de nuestro reencuentro está cerca y por fin estaremos unidos en alma, cuerpo, mente y corazón.

Hoy comenzamos a tumbar el campamento. ¡Qué felicidad cada vez que tirábamos al piso una caseta! Había un ambiente de júbilo. Era como una fiesta donde, a pesar del calor y el cansancio, ¡queríamos seguir hasta tumbarlo todo!

Bueno, mi flaca bella, confío en Dios que todo esté bien y que los preparativos de la boda vayan viento en popa. ¡Te recuerdo que nos vamos a casar dos veces! Sí, la primera fue hermosa, y la disfruté, está la vamos a disfrutar más, porque será como la que soñamos.

Próximamente saldremos del campamento en el desierto para ir a entregar equipo y vehículos en la ciudad de Dhahran. Te recomiendo, que no me envíes más cartas, si deseas las escribes, las guardas y luego me las entregas cuando llegue. Leerlas juntos será como convertir un sueño en realidad. Tus cartas, mi amor, son vida, fueron faro en la oscuridad y cada letra, cada trazo lo escribiste como si fuera la última carta, expresándolo todo, dejando que tu alma hablara sin reservas. Adoro nuestras cartas y las conservaré por siempre, porque ellas contienen la historia de nuestro amor en los momentos más difíciles y salimos victoriosos con la ayuda de Dios.

Te ama, tu esposo victorioso

Carta No. 70 — 12 de junio de 1991

Título: Cada día descubro lo mucho que Dios nos ama

Mi tesoro:

¿Sabes qué? Cada día que pasa, descubro lo mucho que Dios nos ama, por todas las bendiciones y regalos que nos da. Dios ha permitido en mi vida un hombre para mí, el mejor del mundo, del cual ahora soy su esposa y pronto regresaras y comenzaremos una vida juntos.

Estos últimos días he soñado que has regresado, o que me han dicho la fecha en que volverás. Cuando me despierto, creo que es verdad, pero después me doy cuenta de que aún debemos seguir esperando.

Te espero, te anhelo y a veces siento un poco de miedo, pues sé que este cambio puede traer nuevas cosas a mi vida. Pero la emoción tan grande que siento al saber que regresarás y que estaremos juntos es indescriptible. El apoyo de todos me hace sentir muy bien, y tu familia me ha demostrado un amor que jamás imaginé. La comunidad de la iglesia está loca por verte y celebrar nuestra unión.

En nuestro matrimonio sé que no todo será color de rosa. Tendremos nuestras diferencias, pero sé que te amo. Si tenemos una base fuerte y un amor mutuo, podremos resolver cualquier conflicto. Conoceremos mejor nuestros caracteres, aprenderemos a comunicarnos y a resolver, y siempre hablaremos con amor.

Estoy emocionada por saber el número de vuelo y la hora de tu regreso. Te aseguro que seré la primera en llegar a buscarte.

Bueno, amor, te dejo hasta la próxima. Quiero que sepas, que mantengo comunicación con tu familia y siempre estás entre nosotros, aunque estés lejos.

Te ama, tu esposa agradecida

Carta No. 71	13 al 20 de junio de 1991

Título: La última carta que jamás se envió

Mi amado esposo:

Hoy me parece que el tiempo se va volando al reconocer que ya pronto estarás junto a mí. Casi no lo puedo creer y la sonrisa me delata. Me da tanta emoción que no puedo imaginar cómo reaccionaré, luego de tanto tiempo separados por la distancia cruel, sin una caricia, sin un beso, sin una mirada frente a frente.

Lo peor ya pasó y quedará atrás para siempre. Los días eternos sin saber de ti pasaron, los días de tristeza y nostalgia pasaron, los días de desanimo pasaron, los días de solo querer llorar pasaron, lo días de sentirte solo en sueños pasaron. Ahora, será todo diferente y nos toca convertir en realidad lo que hemos anhelado por tanto tiempo.

Rio y lloro, cualquiera podría pensar que mi cabecita está incoherente, pero no es eso. Lo que deseo es solo estar contigo. Es un deseo tan fuerte de un momento tan cerca que me causa impaciencia e inquietud. Quiero que todo esto termine y que la nueva etapa comience bien. Lo intento, pero no puedo evitar preocuparme. Como me gustaría recibir un abrazo tuyo ahora mismo para sentirme segura, protegida, animada y amada.

Cuando regreses pondré todo de mi parte para demostrarte que te amo. No solo con palabras, si no con hechos, cuidados y ternura. Espero que ahora que estaremos justos nos sigamos queriendo aún más que lo que nos expresamos en las cartas. Es una emoción y un susto que a veces creo que no puedo soportar. Me preocupa que cuando estemos juntos, me tome algún tiempo, expresarme igual que como me expreso en las cartas, pero con la ayuda de Dios y la tuya espero que ese tiempo sea corto.

Como de costumbre, después de escribirte todos estos sentimientos, me siento desahogada, como si me estuvieras escuchando. Ya estoy más tranquila. Tengo que estar segura de mí misma y confiar en Dios. Aprovecho para repetirte que Dios me ha bendecido con el amor de un buen hombre como tú, mi amado esposo.

Te ama, tu esposa que te sueña y espera

F. FRAGMENTOS DE **OTRAS CARTAS**

A continuación, una colección de fragmentos de cartas de familiares, amigos, y desconocidos.

Autor: Evelyn, hermana

"Tu sobrino y futuro ahijado está creciendo mucho. Me llena de emoción sentirlo moverse dentro de mí. Aunque estés lejos, siento que estás más cerca que nunca en mi corazón. Mantén la fe en Dios y en la Virgen, que todo pasará y pronto estarás de vuelta con nosotros, más fuerte y con nuevos sueños por cumplir. Escribiendo estas notas me siento muy bien y tranquila. Toda mi fe está puesta en Dios y en la Virgen que nunca nos abandonan."

Autor: Mary, abuela de mi esposa

"Siempre te estamos nombrando, nos haces mucha falta. Te diré que ahora mismo estoy con Barby, ella siempre está pensando en ti. No sale a ningún sitio, solo al trabajo y a la iglesia. Yo la estoy cuidando mucho y la estoy enseñando a rezar el rosario. Aquí se está orando mucho por la paz del mundo. Con el favor de Dios, cuando regreses, te voy a hacer mucho arroz y habichuelas, tan rico, que te vas a chupar los dedos. Recibe muchos besitos y abrazos de tu abuelita. Que Dios y la Virgen te cuiden mucho."

Autor: Rafaela, madre adoptiva, "Campaña Adopta un Soldado"

"Que el Señor te bendiga y te cuide a ti y a todos los soldados que están en el Golfo Pérsico. Tu nombre y dirección me lo dieron en la oficina de correos que tiene una promoción que le pide a los ciudadanos que "adopten" a un soldado y le escriban cartas de aliento. Yo tengo adoptados a 8, entre ellos a un sobrino nieto, un ahijado y a un vecino nuestro. En la próxima carta seré más extensa, que regresen pronto."

Autor: Sol, madre adoptiva, "Campaña Adopta un Soldado"

Espero que estés muy bien. Te estoy escribiendo una pequeña línea. No te conozco, pero me interesa y me preocupo por nuestros soldados. Me llamo Sol y trabajo en la Cruz Roja, quienes tienen una campaña, que se llama "**Adopta un soldado**", para que el pueblo pueda apoyarlos a través de cartas. Espero te sean útiles las cositas que te envié.

Autor: Edwin, amigo de la Universidad

" Mucha gente en la universidad te recuerda y te desean salud, fortaleza, y un pronto regreso para que sigas tus estudios... Antes de despedirme, te tengo un chiste cruel, ¿Por qué las novias de los ingenieros a veces se frustran?, Porque cuando las novias les dicen "amor, dime algo bonito", ellos responden: **"Primero dame especificaciones claras como, el rango de frecuencia y el volumen de voz que necesitas".** Terrible, terrible. Espero que te haya sacado una sonrisa en el desierto."

Autor: Sheila y Melody, primitas de mi esposa

"Tengo fe en Dios de que vuelvas sano y salvo con tu familia y tu esposa. No te preocupes, pues tenemos fe y esperanza de que todo estará bien. Cuando regreses, te daremos un abrazo y un beso bien grande, pues ya eres de la familia. Te hemos extrañado mucho. Estamos rezando por todos para que regreses pronto."

Autor: Evelyn, hermana

"La guerra ha terminado, y creo firmemente que fue gracias a las oraciones de tantas personas. Bárbara vino a vernos, y recordamos lo mucho que te extrañamos y lo felices que estamos de que estés bien. Cada día sentimos tu ausencia, pero también la esperanza de verte regresar. Hermano, aquí estamos, esperándote con el corazón lleno de amor y fe."

Autor: Rafaela, madre adoptiva, "Campaña Adopta un Soldado"

"¡Qué clase de carta nos enviaste! Está bien bonita y llena de cariño. Mi fe está puesta en Jesús desde niña y en María, que es mi madre. ¿Sabes? En mi casa tenemos el Árbol de la Paz y la Esperanza con cintas amarillas con los nombres de soldados y una es para ti. Me gustaría que, cuando regreses, veas ese pequeño árbol que es mi orgullo."

Autor: Rafael Hernández Colón, Gobernador,

"Recibimos con alegría la noticia del fin de la guerra. Ahora, oramos porque regresen pronto. Durante el conflicto, nos mantuvimos orando por ustedes. Espero que pronto podamos darte la bienvenida a la Casa Grande de la familia puertorriqueña."

Autor: Rita, Suegra

"Dios te cuide y te bendiga. Por fin he dejado la vagancia que tenía de escribir y quiero expresarte lo orgullosa que me siento de tener un hijo más como tú. En mis oraciones siempre le pedía a Dios que pusiera un hombre bueno en la vida de mi hija y creo que me lo ha concedido. Por eso hoy doy gracias a Dios, y espero que te siga cuidando."

Autor: Victor, suegro

"Dios nos da fuerzas para vencer la distancia y cualquier obstáculo. Pido a Dios que te mantenga seguro, que te de calma y paciencia para soportar las dificultades y las inclemencias del desierto. Quiero que sepas que sentimos tu ausencia y nos duele, porque estamos orgullosos de ti y te consideramos nuestro hijo."

Autor: Evelyn, hermana

"Te escribo desde la habitación que tú ocupaste cuando viviste con nosotros. Aunque tus cosas ya no están, pero tu recuerdo y tu presencia quedan en mi casa, mi mente y mi corazón. Ya pronto Eugenio Fernando cumplirá un mes de nacido y la familia crece. Quiero que sepas que estoy sumamente agradecida por el apoyo que nos brindaron Barby y su familia antes, durante y en la recuperación luego del parto. Lo guardaré en mi corazón por siempre."

Autor: Edward, hermano

"Espero estés bien y pronto regreses con nosotros que te queremos mucho. Te cuento que, en casa, Tío Fermín y yo estamos construyendo un baño nuevo y haciendo mejoras a la cocina. Tío Neco se dejó la barba como una promesa por ti. Dice que solo se la cortará cuando regreses y se lo pidas. Por aquí, mucha gente pregunta y eleva oraciones por ti."

Autor: Eugenio, hermano

"Como siempre, espero en Dios que al recibir esta carta te encuentres disfrutando de buena salud. Como te he dicho, me casaré el 7 de abril. Estamos planificando una boda sencilla y luego una cena familiar. Nos gustaría que estuvieras acá para compartir este momento en familia. Que Dios y la Virgen te bendigan y favorezcan para un pronto regreso."

Autor: Victoria Muñoz, senadora

"Espero que cuando recibas esta carta te encuentres en tu hogar, junto a tus seres queridos. Agradecemos tu servicio a nuestro país. Te deseo lo mejor para que cuando regreses puedas dedicar tus energías a tu familia y a trabajar para encaminar a Puerto Rico hacia un mejor porvenir."

G. REFLEXIÓN

Nunca nos arrepintamos de un día en nuestra vida, porque cada uno, a su manera, es un regalo de Dios. Los días buenos nos llenan de alegría, los malos nos enseñan fortaleza, y los peores nos revelan lecciones que transforman nuestro ser. Al mirar atrás, veo cómo las experiencias difíciles han dado forma a mi espíritu, mientras los recuerdos felices iluminan mi camino con esperanza. Todo, desde la paz de servir a otros hasta los momentos más oscuros, compone el lienzo de mi vida.

Las cartas que recibí fueron más que palabras; se convirtieron en puentes hacia la luz en mis horas más sombrías. Sin ellas, sin mi diario y aquellas grabaciones, toda esa conexión y amor que nos sostuvo habría quedado atrapado en el silencio, perdido para siempre.

Hoy, mi gratitud es más fuerte que mis cicatrices. Aprendí que incluso los eventos más oscuros pueden redimirse si buscamos a Dios en medio de la tormenta. Este camino me ha enseñado una gran verdad: el amor y la solidaridad sostienen nuestras vidas, y la escritura, como un reflejo de nuestra alma, tiene el poder de transformarlas.

La vida es como un tapiz tejido por el Creador. Cada hilo, sin importar su color o textura, ocupa un lugar preciso en el diseño. Solo al final, al contemplar todo el conjunto, vemos la belleza de cada entrelazado, y entendemos que incluso los días más oscuros contribuyen a la grandeza de la obra final.

NUEVO COMIENZO...

< BODA

4.15 Con mis padres Georgina y Eugenio

> VIDA UNIDOS

4.16 En nuestro nidito anhelado

CAPÍTULO 05

LA ESCRITURA PARA LA SANACION Y EL **AUTOCONOCIMIENTO**

"En este capítulo descubrirás cómo la escritura puede convertirse en una herramienta poderosa para sanar y conectar contigo mismo. A través de experiencias personales y estudios científicos, explorarás cómo plasmar tus pensamientos en papel puede ayudarte a procesar emociones, liberar tensiones y descubrir nuevas facetas de tu ser interior. Prepárate para adentrarte en el poder transformador de la escritura."

Soldado Investigador

Preámbulo

Durante los largos meses en el desierto, las cartas que recibí y escribí no solo fueron un medio de comunicación, sino un refugio y una **terapia** emocional. A través de esas palabras plasmadas en papel, encontré consuelo en medio de la guerra, y esas cartas se convirtieron en mi ancla en el mar de incertidumbre, miedo y ansiedad. Hoy reconozco que sin las cartas y la escritura los efectos de la guerra hubieran sido más dañinos para mi salud emocional. Sin embargo, al regresar a la vida civil, esas cartas, junto con las emociones que evocaban, fueron relegadas al fondo de mi memoria y al olvido. Primero, porque intentando proteger mi salud mental, me propuse no tener contacto con nada que me recordara la guerra, no deseaba tocar el tema para evitar recordar experiencias traumáticas. Lamentablemente, en ese intento olvidé el lado positivo, las experiencias con las cartas y todo lo que me ayudaron. El esfuerzo de olvidar e ignorar fue tan grande que no pude seleccionar lo que quería olvidar y lo que no. Mi mente fue incapaz de ver la diferencia. Para mi mente todo era lo mismo. Para ella, las cartas de amor y las experiencias traumáticas eran lo mismo, eran igual a la guerra.

Cartas de Amor + Eventos Traumáticos = Guerra

Luego de reencontrarme con las cartas, me enfrenté a una pregunta inquietante: ¿Cómo fue posible olvidar algo que en su momento fue tan vital para mi supervivencia emocional? Este capítulo explora la ciencia detrás de este fenómeno. La escritura no solo tiene un poder emocional, sino que también afecta nuestra memoria y bienestar. Las emociones, el estrés y los mecanismos naturales del cerebro, como el sesgo de negatividad, desempeñan un papel crucial en nuestra capacidad para recordar o no nuestras experiencias más significativas.

Los capítulos anteriores narran las vivencias más íntimas y las emociones que me sostuvieron a través de las cartas y el diario. Ahora es momento de sumergirnos en la ciencia detrás de estas experiencias: la memoria emocional, el estrés, y cómo la escritura actúa como una herramienta para procesar, sanar y recordar.

Definiciones Clave

Antes de adentrarnos en la explicación detallada, es importante definir algunos términos clave que nos ayudarán a entender mejor el impacto de la escritura en nuestras vidas.

1. **Memoria Emocional**: La memoria emocional es la capacidad del cerebro para guardar y recordar eventos que están cargados de emociones intensas. Estos recuerdos se almacenan de manera más profunda debido a la fuerte conexión emocional que se les asocia, lo que hace que puedan ser recordados con mayor intensidad, ya sea positiva o negativamente.

2. **Escritura Expresiva**: La escritura expresiva es una técnica en la que se utiliza la escritura a mano para expresar pensamientos. Su objetivo es ayudar a procesar experiencias personales, organizar sentimientos y encontrar claridad emocional. Lo importante es la liberación emocional, sin preocuparse de la gramática, el estilo y la perfección.

3. **Sesgo de Negatividad**: El sesgo de negatividad es una tendencia bien documentada en psicología que indica que las personas tienden a dar más peso e importancia a los eventos negativos que a los positivos, tanto en términos de atención como de memoria.

Con estos conceptos en mente, podemos explorar cómo la escritura y la memoria emocional se entrelazan, y cómo el sesgo de negatividad influye en nuestra capacidad de recordar experiencias significativas.

Memoria Emocional y Escritura

La **memoria emocional** es esencial para entender cómo almacenamos recuerdos cargados de sentimientos. Las emociones juegan un papel crucial en la forma en que los recuerdos se imprimen en nuestra mente. No obstante, estas memorias no son inmunes al tiempo ni al estrés. Según el psicólogo **James Pennebaker**, la escritura expresiva ayuda a procesar y organizar estas emociones, permitiéndonos comprender mejor nuestras experiencias. La escritura permite integrar los recuerdos en nuestra narrativa personal, dándoles un contexto que ayuda a sanar y a recordar mejor.

El Estrés y el Olvido

El estrés y la adaptación son grandes responsables del olvido de recuerdos importantes. Después de experiencias traumáticas, como la guerra, el cerebro prioriza la adaptación a nuevas circunstancias. La construcción de una vida familiar y las responsabilidades diarias desplazan los recuerdos más intensos. El cerebro, en un esfuerzo por protegerse, guarda esos recuerdos en segundo plano. Este proceso explica cómo las cartas que en su momento fueron un salvavidas emocional terminaron relegadas al olvido.

Reconozco que, al intentar olvidar o ignorar lo que viví en la guerra para evitar hacerme daño, también olvidé todo lo positivo que experimenté. Los momentos mágicos y las cartas que me erizaron la piel y fortalecieron mi espíritu fueron víctimas colaterales de la guerra. Lo que me había sostenido emocionalmente quedó sepultado bajo la rutina y las presiones diarias. Esta es la paradoja: al protegernos de lo doloroso, también corremos el riesgo de perder lo que nos llenó de vida y esperanza.

El Sesgo de Negatividad

Estudios científicos, como los de la psicóloga, **Barbara Lee Fredickson,** mostraron que, debido al sesgo de negatividad, necesitamos experimentar al menos cuatro eventos positivos por cada evento negativo para logra un equilibrio emocional. Crear estos eventos positivos puede implicar acciones simples pero significativas, como practicar la gratitud, realizar actos de bondad, fortalecer las conexiones sociales y encontrar alegría en los pequeños momentos del día a día. Ya sea a través de una conversación sincera, escribir una carta de agradecimiento, participar en actividades creativas o tomarse un momento para reflexionar sobre experiencias positivas, podemos cultivar activamente momentos que contrarresten la negatividad y refuercen nuestra resiliencia emocional.

La siguiente gráfica muestra cómo el sesgo de negatividad afecta nuestra memoria emocional. Según la gráfica, un mayor porcentaje de personas recuerda más claramente las experiencias negativas (70%) que las positivas (30%). Esto ilustra cómo nuestro cerebro tiende a dar más importancia a los eventos negativos, lo que nos dificulta recordar los momentos felices o de apoyo emocional, como las cartas recibidas durante tiempos difíciles.

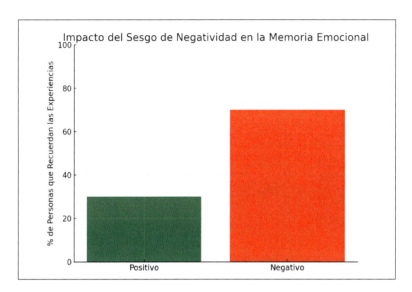

Neurociencia del Olvido y la Escritura

Desde una perspectiva neurocientífica, el estrés prolongado puede afectar el hipocampo, la región del cerebro que gestiona la memoria. Esto dificulta la capacidad de almacenar y recuperar recuerdos de manera efectiva. Además, teorías como las de Freud sugieren que recuerdos intensos, como los que contienen las cartas, pueden ser suprimidos como una medida de protección emocional.

La Escritura como Herramienta Terapéutica

Estudios recientes confirman que la escritura es una poderosa herramienta para restaurar y procesar recuerdos emocionales. **Allan Schore**, experto en regulación emocional, sostiene que escribir a mano ayuda a integrar y regular emociones, lo que facilita la recuperación de recuerdos olvidados. **James Pennebaker** ha demostrado que la **escritura expresiva** no solo ayuda a procesar emociones pasadas, sino que también recupera recuerdos que parecían perdidos.

La siguiente gráfica demuestra que, a medida que se practican más sesiones de escritura expresiva, aumenta el porcentaje de recuerdos emocionales recuperados. Al principio, solo se recupera un pequeño porcentaje de los recuerdos, pero después de varias sesiones (10), el 90% de los recuerdos olvidados pueden volver a la memoria. Esto refleja el poder de la escritura para reactivar recuerdos emocionales que parecían haber desaparecido.

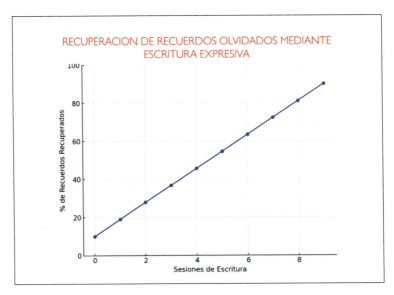

Le invitamos a tener una sesión típica de escritura expresiva de 20 minutos escribiendo sin parar. Para ello solo necesita lápiz y papel. El psicólogo James Pennebaker en su libro "**Opening Up by Writing it Down**" recomienda (7 minutos) a la "Liberación de emociones", lo que destaca el propósito principal de la escritura como una herramienta emocional. El tiempo restante se divide entre la "Reflexión emocional" (6 minutos), la "Organización de pensamientos" (5 minutos), y una "Revisión opcional" (2 minutos). La escritura ayuda tanto a liberar como a estructurar nuestras emociones y pensamientos. Para beneficios terapéuticos se recomienda llevar a cabo estas sesiones durante mínimo 3 días consecutivos.

Aplicación Personal: Redescubrir Mis Cartas

En mi carácter personal yo no conocía sobre la escritura expresiva cuando estuve en el desierto, pero redescubrir las cartas que había escrito y recibido ha sido un catalizador para reactivar emociones y memorias. Lo que parecía olvidado, solo estaba esperando ser recordado. Este proceso demuestra que los recuerdos emocionales no desaparecen; simplemente quedan suprimidos hasta que algo los reactiva.

Los Beneficios Científicos de Escribir a Mano

La escritura a mano tiene múltiples beneficios, tanto mentales y cognitivos como emocionales. En un mundo cada vez más digital, escribir a mano activa partes del cerebro que la escritura digital no puede alcanzar. Al escribir,

activamos áreas motoras, visuales y cognitivas que mejoran la memoria, la creatividad y el procesamiento emocional. Aquí algunos de sus beneficios:

1. **Mejora la comprensión lectora**: Escribir a mano facilita la expresión de ideas y mejora la lectura fluida, ya que ayuda a procesar mejor las palabras.

2. **Previene el deterioro cognitivo**: Actividades que estimulan la motricidad fina, como escribir a mano, pueden retrasar enfermedades como la demencia. **Motricidad fina** es la habilidad para realizar movimientos precisos y controlados utilizando músculos pequeños como las manos y los dedos.

3. **Fomenta la creatividad**: Al escribir, el cerebro crea imágenes mentales que promueven la imaginación y la resolución de problemas.

4. **Mejora la memoria**: Escribir activa el sistema de activación reticular del cerebro, lo que ayuda a recordar mejor las tareas y pensamientos.

5. **Expresión emocional**: Escribir permite organizar las emociones y procesarlas de manera coherente, mejorando la salud mental.

El diagrama de Venn, a continuación, muestra cómo la memoria emocional, la escritura expresiva y el bienestar emocional se interrelacionan. En la intersección de los tres conceptos, encontramos que la escritura expresiva

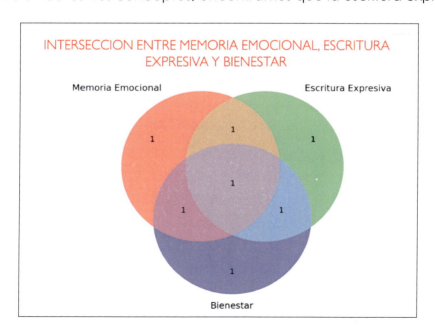

no solo ayuda a procesar y organizar nuestras emociones, sino que también promueve el bienestar general al permitirnos conectar con nuestros recuerdos más profundos. Este gráfico subraya cómo la escritura puede ser una herramienta terapéutica integral para el equilibrio emocional.

Conclusión y llamado a la acción

Escribir a mano no es solo un acto mecánico; es una herramienta poderosa para preservar recuerdos, procesar emociones y conectarnos con nosotros mismos y con los demás. En un mundo digital, tomar un lápiz y escribir puede parecer anticuado, pero la ciencia confirma que sus beneficios son inigualables. Es un acto que no solo nutre la mente, sino también el alma.

Este capítulo es un llamado a reflexionar sobre el poder de la escritura a mano, a valorar los recuerdos y emociones que nos conectan con quienes somos. Tomar tiempo para escribir es una inversión en nuestra memoria y bienestar emocional.

A continuación, presentamos las referencias de los científicos que han publicado estudios y libros sobre el poder y los beneficios de la escritura para los seres humanos.

1. **James Pennebaker**
   i.   Libro: Pennebaker, J. W. (2016). Opening Up by Writing It Down: How Expressive Writing Improves Health and Eases Emotional Pain (2nd ed.). The Guilford Press.
   ii. Artículo académico: Pennebaker, J. W., & Beall, S. K. (1986). Confronting a traumatic event: Toward an understanding of inhibition and disease*. Journal of Abnormal Psychology, 95(3), 274-281.

2. **Allan Schore**
   i.   Libro: Schore, A. N. (1994). Affect Regulation and the Origin of the Self: The Neurobiology of Emotional Development. Lawrence Erlbaum Associates.
   ii. Artículo académico: Schore, A. N. (2012). The Science of the Art of Psychotherapy. W. W. Norton & Company.

3. **Virginia Berninger**

   i.   Libro: Berninger, V. W. (2009). Processes of Writing: Theory, Research, and Applications*. Pearson Education.

   ii. Estudio: Berninger, V. W., & Richards, T. L. (2002). Brain literacy for educators and psychologists*. Academic Press.

4. **Louise De Salvo**

   i.   Libro: DeSalvo, L. (1999). Writing as a Way of Healing: How Telling Our Stories Transforms Our Lives. Beacon Press.

5. **Sesgo de Negatividad**

   i.   Fredrickson, B. L., & Losada, M. F. (2005). Positive affect and the complex dynamics of human flourishing. American Psychologist, 60(7), 678-686.

6. **Memoria emocional y estrés**

   i.   Estudio de referencia: McGaugh, J. L. (2004). The amygdala modulates the consolidation of memories of emotionally arousing experiences. Annual Review of Neuroscience, 27, 1-28.

   Baumeister, R. F., et al. *(2001). Bad is stronger than good.*

   Review of General Psychology, 5(4), 323-370.

CAPÍTULO 06

LA ESCRITURA Y LA
CONEXIÓN ESPIRITUAL

" Este capítulo te invita a explorar el papel de la escritura como un puente entre lo terrenal y lo espiritual. Conocerás cómo escribir puede convertirse en una forma de oración, meditación y conexión profunda con lo trascendental. Desde la reflexión personal hasta la comunión con lo divino, este espacio te inspirará a usar la escritura como un medio para fortalecer tu espiritualidad. **"**

Soldado Espiritual

Preámbulo

Muchas veces cuando intentamos comunicarnos con Dios o calmar nuestra mente meditando nuestros pensamientos se dispersan y somos incapaces de enfocarnos en ese momento. Sin embargo, la acción de escribir requiere una coordinación de mente, mano y vista que te dirige a concentrarte en lo que estás haciendo.

Plegarias Escritas: Comunicación con Dios

Cuando escribimos una plegaria, nos dirigimos intencionalmente a Dios para expresar agradecimientos, peticiones o reflexiones espirituales. Este tipo de escritura nos ayuda a organizar nuestros pensamientos y emociones, intensificando nuestra conexión con lo divino.

Propósito:

Fortalecer nuestra fe y establecer un diálogo claro y sincero con Dios.

Beneficios:

Enfoque y claridad: Organiza pensamientos y deseos, facilitando una comunicación más profunda.

Confianza y entrega: Simboliza un acto de fe, entregando nuestras cargas a Dios.

Registro espiritual: Crea un testimonio tangible de nuestras oraciones y su impacto.

Catarsis emocional: Libera emociones intensas a través de la conexión espiritual.

Ejemplo práctico:

Escribe una plegaria agradeciendo por tus bendiciones y entregando tus preocupaciones. Guarda esta escritura y, con el tiempo, revisa cómo tus peticiones han sido respondidas.

Escritura Meditativa: Exploración Personal y Calma Interior

La escritura también puede ser una forma de meditación activa, conocida como escritura consciente. Aquí, el enfoque no está en comunicarnos con

Dios, sino en explorar nuestras emociones, liberar pensamientos repetitivos y encontrar un estado de paz interior.

Propósito:

Calmar la mente, explorar emociones y enfocarnos en el momento presente.

Beneficios:

- **Autoconciencia:** Ayuda a identificar y procesar emociones internas.

- **Claridad mental:** Libera pensamientos desorganizados o repetitivos.

- **Presencia plena:** Promueve un enfoque total en el momento actual.

- **Preparación para la meditación:** Facilita una práctica meditativa más profunda al liberar la mente de distracciones.

Ejemplo práctico:

La escritura consciente es una técnica sencilla que te permite explorar tus pensamientos y emociones mientras encuentras calma y claridad. Aquí tienes una guía para empezar:

1. **Encuentra tu espacio:** Busca un lugar tranquilo donde puedas estar sin interrupciones por unos minutos.

2. **Relájate y respira:** *Tómate un momento para centrarte, respirando profundamente antes de comenzar.*

3. **Escribe sin juicios:** Deja que tus pensamientos fluyan libremente. No te preocupes por la gramática o la lógica; simplemente escribe lo que sientas.

4. **Permítete explorar:** Dedica entre 10 y 15 minutos a este ejercicio, escribiendo sin detenerte.

5. **Reflexiona, si lo deseas:** Revisa lo que escribiste para identificar patrones, o déjalo como una descarga emocional.

Esta práctica puede integrarse fácilmente en tu rutina diaria, ayudándote a aclarar tus pensamientos, procesar emociones y cultivar un estado de paz interior.

CAPÍTULO 07

CARTAS DE NIÑOS, POSTALES y DIBUJITOS

" En este capítulo lleno de ternura y creatividad, encontrarás las expresiones más originales de afecto y amor: cartas de niños, postales decoradas, dibujos hechos a mano y cartas adornadas con besos de pintalabios. Este es un homenaje a la simplicidad y la belleza de los pequeños detalles que transforman la comunicación en arte y los recuerdos en emociones inolvidables. "

Soldado Divertido

Preámbulo

Antes de terminar el contenido de este libro, me hice una pregunta crucial: ¿Se me quedó algo? ¿Qué me falta? Al reflexionar sobre esto, me di cuenta de que no podía dejar fuera los detalles más entrañables y ocurrentes: los dibujitos, las postales, y los besos marcados en rojo con el pintalabios de mi esposa en sus cartas. Estos pequeños gestos me alegraban y siento que fueron parte importante de la historia.

En medio de una historia que se desarrolla en un desierto desolador, también me pregunté: ¿Qué debería incluir para terminar esta historia de una forma refrescante? Quería algo que capturara la atención, pero también aportara un enfoque ligero y único. Después de todo, esta es una historia de gratitud, y las cartas que recibí jugaron un papel esencial para fortalecernos y animarnos a cumplir la misión.

Durante el proceso de digitalizar las cartas, me di cuenta de que algo importante se perdía: la caligrafía única de cada persona, los dibujos sencillos, el papel amarillento por el tiempo, los sobres decorados y las expresiones artísticas añadidas a las cartas. Fue entonces cuando decidí crear este capítulo como un tributo a esos detalles llenos de creatividad y a las emociones frescas que acompañaron cada gesto.

El impacto de las cartas infantiles

Las cartas de los niños que recibí fueron especialmente memorables, porque siempre me resultaban una sorpresa refrescante. Además, estas cartas también eran una prueba del respaldo que recibíamos de los padres y maestros que les creaban conciencia sobre la solidaridad, y los motivaban a escribirnos.

1. Enidixia, Quinto Grado, Escuela Ana Pagán, Hormigueros, PR
   "Querido Desconocido: Nosotros estamos orando todos los días para que no les pase nada. Queremos que vuelvan pronto y estén con su familia y sus amistades."

2. Joel, Tercer Grado, Academia Adventista de Sabana, San Juan, PR
   "Hola: Me llamo Joel, estoy orando a Dios por ustedes y queremos que regresen, los queremos y Dios los bendiga."

3. Gerald, Séptimo Grado, Vernon Middle School, California

"No me gusta esta guerra porque se pierden vidas de soldados. Le escribo esta carta porque quiero que sepa que los estaré apoyándo todo el tiempo."

Sus palabras, tan sinceras y puras, eran un recordatorio de por qué estábamos allí. Aunque no conocía a estos niños, sentí sus oraciones y buenos deseos como una fuerza invisible que me sostenía.

Los detalles que iluminan el alma

Además de las cartas de los niños, agradezco las postales de Navidad, San Valentín y mensajes de ánimo, adornadas con pegatinas, colores vibrantes y pequeños dibujos. Estos detalles transformaban las cartas en pequeños tesoros. Cada gesto —un corazón dibujado a mano, una calcomanía cuidadosamente colocada— añadía vida y significado a las palabras escritas.

Mi esposa, con su creatividad, también hacía de sus cartas verdaderas obras de arte. Conocía mi aprecio por las expresiones artísticas, así que adornaba sus cartas con dibujos fantásticos y, en ocasiones, con besos marcados en pintalabios rojo. Estos besos no eran solo un detalle romántico; eran una promesa tangible de amor y presencia, un lazo que atravesaba kilómetros de distancia.

Un tributo a la frescura y la creatividad

Este capítulo es un homenaje a esos gestos simples pero impactantes: las cartas de los niños con sus palabras sinceras, las postales con mensajes simpáticos, los dibujos espontáneos y los besos provocadores. Todos ellos fueron parte de las expresiones de conexión y hermandad que iluminaron mi camino en un océano de arena, polvo y viento.

Aunque el perfume que mi esposa mencionaba en sus cartas no sobrevivía al largo viaje, mi imaginación se encargaba de traerlo a mi mente. Cerraba los ojos y, por un instante, podía sentirla a mi lado.

Así, este capítulo cierra mi historia no con grandes acciones heroicas, sino con los gestos humanos y frescos que dieron color y calidez a los días más áridos. Espero que disfruten de este recorrido especial.

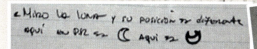

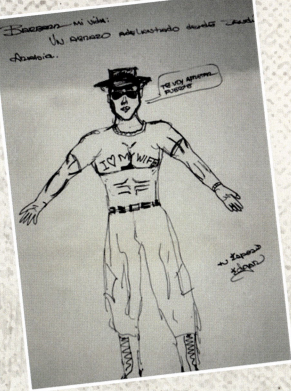

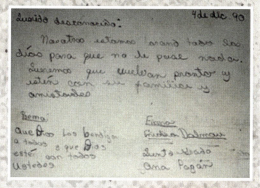

Quisimos darte una sorpresa
y nos tomamos esta foto
para recordarte que
continuamos siendo
tus amigos.

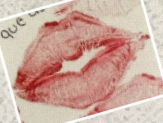

Made in the USA
Monee, IL
24 April 2025

455a80ef-f187-4e00-a239-3601d658a14bR01

CAPÍTULO 08

DE LAS CARTAS A **LA ACCION**

"Las cartas son más que palabras escritas; son un puente entre corazones, un testimonio tangible de nuestras emociones y un legado capaz de trascender el tiempo. En este capítulo final, te invito a tomar lo aprendido en estas páginas y transformarlo en acciones concretas que impacten no solo tu vida, sino también la de quienes te rodean.

Hoy culminamos este libro con gran satisfacción, conscientes de haber completado un proyecto cuyo propósito es servir y ayudar al prójimo. Confío en Dios que esta humilde obra, escrita por un veterano, sea de bendición para ti y para las personas que más amas."

Soldado Victorioso

Este capítulo final es una invitación a la acción. Las lecciones aprendidas no deben quedarse solo en la reflexión; es hora de ponerlas en práctica y transformar no solo la vida de quienes te rodean, sino también la tuya. Aquí encontrarás acciones concretas para aplicar el poder de las palabras, fortalecer tus relaciones y construir un legado que perdure. Al escribir cartas, descubrirás que el acto mismo de escribir puede sanar, liberar y enriquecer tu propio corazón. Toma esta oportunidad como un primer paso hacia conexiones más profundas y significativas en tu vida.

1. Conserva y Fortalece Tu Relación con Cartas de Amor

Una relación sentimental, especialmente entre dos personas que se aman y consideran casarse para formar una familia, está incompleta sin cartas de amor escritas a puño y letra. Estas cartas no solo son un reflejo de tus sentimientos más auténticos, sino que también crean una base sólida que puede perdurar incluso en tiempos difíciles, cuando ambos podrían estar atrapados en los afanes de la vida.

Las cartas de amor son:

- Testimonios de compromiso: Hablan del amor y los sueños que los unen, y pueden ser releídas para recordar esos sentimientos en cualquier momento.

- Puentes emocionales: En momentos de distancia o conflicto, una carta puede reconectar corazones y reafirmar la unión.

- Legados para el futuro: Una colección de cartas se convierte en un tesoro que puede pasar de generación en generación.

Acción: Escribe y Conserva Tus Cartas de Amor

Dedica tiempo a escribir una carta a tu pareja, ya sea que estén comenzando su relación, comprometidos o casados. Habla de lo que amas de ellos, tus sueños juntos y tus compromisos para el futuro.

Propón a tu pareja que también escriba su carta. Intercambien estas cartas y consérvenlas en un lugar especial.

Volver a leer estas cartas juntos en aniversarios, momentos importantes o simplemente porque sí. Esto fortalecerá y renovará su vínculo.

Los pasados tres puntos aplican perfectamente para todos los miembros de la familia. Crea un lugar especial para guardar cartas postales, dibujos y ocurrencias de valor familiar.

Un hábito para toda la vida: Considera escribir cartas de amor de forma regular, marcando hitos en su relación o simplemente expresando gratitud. Haz de esta práctica un ritual que celebre y nutra su relación.

2. Escribe una Carta que Cambie un Corazón

Piensa en alguien que amas, alguien que hace tiempo no ves, o alguien que está pasando por momentos difíciles. Dedica unos minutos para escribirle una carta sincera, reconectando a través de las palabras.

Acción: Reconecta a Través de una Carta Personal

- Elige a una persona importante para ti y escribe desde el corazón. No importa la longitud o perfección, sino la intención. Habla de lo que significan para ti, recuerda momentos especiales o simplemente exprésale tu deseo de mantener contacto.

- Si no puedes entregarla en persona, envíala por correo tradicional. Recibir una carta escrita a mano en tiempos digitales será un gesto inesperado y profundamente significativo.

3. Construye Tu Propio Legado de Cartas

No dejes que la escritura termine con este libro. Dedica un espacio a ti mismo para escribir y reflexionar, ya sea en un diario, un cuaderno o incluso en cartas para el futuro. La escritura expresiva puede ser una herramienta transformadora para sanar, reflexionar y crecer.

Acción: Escribe Cartas para Ti y para el Futuro

- Cartas de gratitud: Agradece a las personas, experiencias o retos que han marcado tu vida. Estas cartas no solo benefician a quienes las reciben, sino también a ti al reflexionar sobre lo positivo.

- Cartas para cerrar ciclos: Si hay algo que necesitas soltar, escribir puede ser un acto liberador. Aunque nunca entregues estas cartas, el simple hecho de escribirlas puede ser profundamente terapéutico.

- Cartas para el futuro: Escribe para tu "yo" del mañana o para alguien especial, como un hijo o nieto que leerá tus palabras muchos años después. Este acto te conecta con tus metas y sueños de una manera poderosa.

4. Terapia de Escritura Expresiva: Libera Tus Emociones

La escritura expresiva es una herramienta poderosa para liberar emociones reprimidas, manejar el estrés y combatir la depresión. Al escribir sin censura sobre tus pensamientos y sentimientos más profundos, puedes procesar lo que te afecta de manera segura y constructiva. Esta práctica también te permite descubrir patrones internos y obtener claridad sobre situaciones difíciles.

Acción: Práctica la Escritura Expresiva

- Dedica 15-20 minutos al día para escribir sobre tus emociones, sin preocuparte por la gramática, la coherencia o la perfección.

- Céntrate en eventos o pensamientos que te causan estrés, tristeza o incertidumbre.

- Escribe sin juzgarte y, al terminar, decide si deseas conservar o destruir lo escrito. Ambos actos tienen valor terapéutico.

- Usa esta técnica cuando enfrentes momentos de tensión o necesites claridad emocional.

5. Comparte el Poder de las Palabras

El mensaje de este libro no debe quedarse contigo. Comparte lo que has aprendido con quienes te rodean, inspirándolos a reflexionar y actuar.

Acción: Corre la Voz y Conecta con la Comunidad

- Recomienda este libro a amigos y familiares que puedan beneficiarse de sus historias y lecciones.

- Habla de tu experiencia en redes sociales y comparte cómo las cartas han transformado tu perspectiva, utilizando el "hashtag" #CartasQueErizanLaPiel.

- Invita a tus seres queridos a unirse al movimiento de escribir cartas, sean de amor, esperanza o gratitud.

6. Mantente Conectado

El viaje no termina aquí. Este libro es solo el comienzo de una conversación que podemos continuar juntos. Si deseas compartir tu experiencia, profundizar en los temas del libro o ser parte de una comunidad que valora las conexiones humanas, aquí tienes cómo hacerlo:

- Sígueme en redes sociales para reflexiones, historias e inspiración sobre el poder transformador de las palabras.

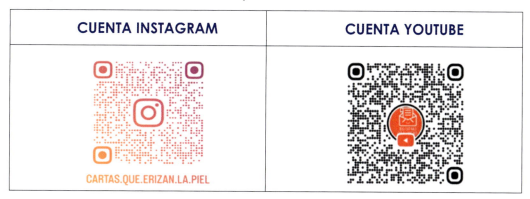

CUENTA INSTAGRAM	CUENTA YOUTUBE
CARTAS.QUE.ERIZAN.LA.PIEL	

- En caso de que desees conocer los servicios que proveemos te invitamos a visitar nuestro sitio. https://projectpluspr.com

- Perfil profesional en https://linkedin.com/in/edgar-dixon-rodriguez/

- Nuestra música la puedes acceder en SPOTIFY bajo el seudónimo **Paper and Soul.**

"Las cartas de amor son una herramienta poderosa, un regalo para el presente y un legado para el futuro. En un mundo donde las palabras pueden ser fugaces, una carta escrita a puño y letra es una declaración eterna de amor, una promesa que perdura incluso en los momentos más difíciles."

Nunca subestimes el poder de tus palabras ni el impacto que pueden tener en la vida de alguien más. Las cartas tienen el poder de sanar, conectar con las personas e incluso cambiar el curso de una historia. El siguiente código QR enlaza a una cuidadosa selección de canciones inspiradas en la belleza y el poder de las cartas de amor. Esta lista de reproducción (o "playlist"), titulada **Canciones Que Erizan La Piel**, está diseñada para acompañarte mientras escribes tus propias cartas, sumergiéndote en melodías que capturan la profundidad de las emociones que las palabras pueden transmitir. Deja que estas canciones te inspiren a expresar tu corazón a través del arte eterno y valioso de escribir cartas. Ahora el siguiente capítulo está en tus manos. ¿Qué escribirás hoy?

Cuéntanos, tu voz y tu experiencia importan e inspiran

Gracias por llegar hasta aquí y acompañarnos en este viaje de amor, fe y el poder transformador de las palabras escritas.

Si esta historia te tocó el corazón, te invitamos a dejar una reseña. Tu opinión puede inspirar a otros a descubrir esta obra y unirse al poder transformador de las cartas. Solo sigue estos sencillos pasos:

1. Abre la cámara de tu celular.

2. Escanea el código QR.

3. Toca el enlace de Amazon.

4. Comparte unas palabras sobre lo que esta historia significó para ti. Tu testimonio puede ser un faro para otros.